Ignaz Vinzenz Zingerle

Die Alliteration bei mittelhochdeutschen Dichtern

Ignaz Vinzenz Zingerle

Die Alliteration bei mittelhochdeutschen Dichtern

ISBN/EAN: 9783743365957

Hergestellt in Europa, USA, Kanada, Australien, Japan

Cover: Foto ©ninafisch / pixelio.de

Manufactured and distributed by brebook publishing software
(www.brebook.com)

Ignaz Vinzenz Zingerle

Die Alliteration bei mittelhochdeutschen Dichtern

DIE ALLITERATION

BEI

MITTELHOCHDEUTSCHEN DICHTERN

VON

IGNAZ V. ZINGERLE

WIEN

AUS DER K. K. HOF- UND STAATSDRUCKEREI

IN COMMISSION BEI KARL GEROLD'S SOHN, BUCHHÄNDLER DER KAISERL. AKADEMIE
DER WISSENSCHAFTEN

1864

Aus dem Julihefte des Jahrganges 1864 der Sitzungsberichte der phil.-hist. Cl. der kais. Akademie der Wissenschaften [XLVII. Bd., S. 103] besonders abgedruckt.

O. Vilmar ist der Ansicht „Lachmann habe das Richtige gesehen", wenn er annahm, dass das Nibelungenlied (und zwar in der Gestalt, die uns die Handschrift *A* bietet) aus einzelnen Liedern entstanden ist. Er fährt dann in seiner Inauguraldissertation: „Reste der Alliteration im Nibelungenliede. Marburg 1855" fort [1]):

„Über die ursprüngliche Form dieser Lieder kann kein Zweifel sein — das Hildebrandslied zeigt sie uns sicher: sie war alliterirend. Wenn es von Hildebrand ein alliterirendes Lied gab, warum sollte es nicht auch zu derselben Zeit Lieder in derselben Form gegeben haben von seinem Herrn Dietrich, warum nicht auch von Sigfried, von Hagen und Volker? Diese Lieder sind uns dem Inhalte nach in dem Nibelungenliede, wie wir es jetzt haben, erhalten, so weit sie nicht als einzelne Lieder stehen blieben, wie das Lied vom hürnen Sigfried, von Ecke u. a. Ist uns aber der Inhalt dieser alliterirenden Lieder erhalten, so liegt die Vermuthung nahe, dass auch von der Form derselben uns Manches, wenn gleich nur trümmers weise, verborgen unter der später hinzugekommenen Form der

---

[1]) S. 2.

1*

Reimes überliefert ist. Wider eine solche Vermuthung kann als Hauptgrund geltend gemacht werden die Länge der Zeit, welche zwischen dem Aufhören der Alliteration und der Abfassungszeit des Nibelungenliedes liegt. Wir haben allerdings nach dem Jahre 850 kein Gedicht mehr in alliterirender Form, 350 Jahre also vor dem Zustandekommen unseres Liedes. Aber während die Geistlichen sich von der deutschen Dichtung und namentlich von der als heidnisch verschmähten Alliteration abwendeten, kann das Volk die alten Lieder auch noch in der alten Form fortgesungen haben und die Zaubersprüche, die Waitz in einer Handschrift des 10. Jahrhunderts fand, beweisen uns die Erhaltung der alten Form in ganz unveränderter Weise. Tauchen doch in dem Hexenwesen des 16. Jahrhunderts, 300 Jahre nach dem Nibelungenlied, Formeln auf, die ihrem Ursprunge nach auf das 9. Jahrhundert zurückweisen. Allerdings ist wohl nach 850 Neues auch vom Volke nicht mehr in der alten Form gedichtet worden, aber das Alte wird um so treuer bewahrt worden sein; denn Treue ist eine Haupteigenschaft echter ungetrübter Volkstradition. Wenn es noch in neuer Zeit möglich ist, dass ein Märchen in Prosa auch den Worten nach ohne einen Zusatz von Geschlecht zu Geschlecht sich erhält, wenn wir sehen, wie rechte Märchenerzähler noch in unserer Zeit auf die getreue Überlieferung der Worte ein grosses Gewicht legen, wie viel mehr Kraft der Bewahrung müssen wir einer Zeit zuschreiben, in der das Volksleben noch frischer war, als jetzt, in der das Gedächtniss noch nicht durch vielerlei Erlerntes abgeschwächt, noch nicht durch das Vertrauen auf Gedrucktes und Geschriebenes gestört, die Freude an den alten Volkshelden noch ungeschmälert und ungetrübt war. Die Erhaltung einer poetischen Form, wie der Alliteration, ist der Natur der Sache nach weit leichter, als die Erhaltung einer prosaischen Erzählung. Keine Form ist aber für die Bewahrung so geeignet, wie gerade die Alliteration. Jede andere Form der Poesie, auch der Reim, ist mehr oder weniger von aussen dem Inhalte angepasst, die Alliteration aber ergibt sich durch den Inhalt von selbst, sie wird durch die Hauptworte der Erzählung getragen, — erhielt sich die Erzählung, so erhielt sich auch im Wesentlichen die Form und Trümmer der Form, als diese selbst nicht mehr lebendig war."

Von diesen Ansichten ausgehend, durchforschte Vilmar das Nibelungenlied und fand darin zahlreiche Trümmer der alten allite-

rirenden Form. Da fand er als das Augenfälligste, dass die Namen
von Verwandten unter sich alliteriren [1]). „So alliterirt der Name des
Sohnes mit dem des Vaters bei Sigfried, dem Sohne Sigemund's."
Er glaubt noch auf einen ähnlichen Fall verweisen zu müssen, näm-
lich auf Blödelin, der Botelunges Sohn ist. Aber was soll dies für
sein Thema beweisen, da Blödelin in unserem Liede nirgends als
solcher genannt wird?

Vilmar gibt nun eine Lese von alliterirenden Versen des Nibe-
lungenliedes mit besonderer Rücksicht auf die Eigennamen, berück-
sichtigt jedoch auch solche, die in der ersten Hälfte nur einen,
und in der andern zwei Liedstäbe haben [2]). Wir theilen diese
Lese. mit:

sun den Sigemundes ich hie gesehen hân　215, 2
des antwurt im dô Sîvrit, des Sigemundes sun　123, 4
des antwurte Sîfrit Sigmundes suon　332, 1
dô sprach zuo sîm gesinde Sigmundes barn　637, 2
dô der wirt des landes Sîvriden sach und ouch Sigemunden

732, 1 [3]).

Vilmar sagt nun, auf diese und etliche andere Verse gestützt
in denen beide Namen neben einander vorkommen: „Wir können
noch aus der gegenwärtigen Gestalt unseres Liedes erkennen, dass
Sigfrid's und Sigemund's Name in den unserm Liede zu Grunde lie-
genden Liedern alliterirend zusammengetroffen sind" [4]) und gibt nun
eine Reihe von alliterirenden Versen im Nibelungenliede zum Be-
weise, dass die demselben zu Grunde liegenden Lieder in alliteri-
render Form abgefasst waren.

Wir müssen hier viele der in der Folge angeführten Beispiele,
die auf willkürlichen Umstellungen und Combinationen beruhen, um-

---

[1]) S. 4.
[2]) Er bemerkt hiezu, dass in diesem Falle die zweite Hälfte des Verses vorangestanden
haben müsse. S. 5.
[3]) Wobei sich V. eine Heraufziehung aus dem zweiten Verse erlaubt, denn A bietet:
　　Dô der wirt des landes Sifriden sach,
　　und ouch Sigmunden.
[4]) S. 5.

gehen, und geben nur jene Belege, die als wirklich alliterirende
Verse im Texte vorliegen:

her Hagene von Tronje: was hân ich iu getân? 1901, 2
den küenen Dancwarten, der ist ein sneller degen guot 177, 2
daz si din morgengâbe" sprach Dancwart der degen 1864, 3
dô sluog er Bloedeline einen swinden swertes slac 1864, 1 [1])
man mac si morgen mehelen einem andern man 1865, 1
mîn sun Sîvrit sol hie selbe künic sin 649, 4
Sîvrit mîn sune, man solde iuch dicker sehen 698, 3
wie ir herre heize, si sint vil hôhe gemuot 378, 4
dô sprach der herre Sîvrit: nu sult ir tougen spehen 379, 1
welhe ir nemen woldet, hetet irs gewalt 379, 3
ob ich gewalt des hete, si müeste werden mîn wîp 380, 4 [2])
sîner snelheite er mohte sagen danc 1987, 2
und sluog im slege swinde mit sîner ellenthaften hant 1987, 4 [3])
dô dâhte Hagene: „du muost des tôdes wesen 1988, 1.

So weit gehen die von Vilmar beigebrachten, unantastbaren
Belege. Schon Fischer hat aber in seiner Schrift: „Nibelungenlied
oder Nibelungerlieder?" S. 9 nachgewiesen, dass selbst in den von
Lachmann für neuere Zusätze erklärten Strophen viele alliterirende
Verse und dass sie endlich besonders häufig in *C* vorkommen. Da
eine vollständige Sammlung derselben noch nicht gegeben ist,
stelle ich dieselbe nach Holtzmann's Ausgabe zusammen und man wird
daraus ersehen, wie zahlreich derartige Verse sich hier finden.

mit kraft unmâzen küene die recken üzerkorn 5, 2
waz saget ir mir von manne, vil liebiu muoter mîn 14, 1
die rede lât belîben, vil liebiu frouwe mîn 16, 1
wie liebe mit leide ze jungest lônen kan 16, 3
des wir in disen stunden müezen vil von im gedagen 21, 4
doch wolder wesen herre für allen gewalt 42, 3

---

[1]) Vilmar stellt es um:
einen swinden swertes slac sluog er Bloedeline. S. 32.
[2]) Vilmar stellt um:
si müese werden mîn wîp, ob ich gewalt des hete. S. 36.
[3]) Vilmar setzt:
und sluog im mit sîner (ellenthafter) hant slege swinde. S. 36.

ez was ir aller werben wider in ein wint 47, 1
den wirt des hete wunder, von wannen koemen dar 80,
oder waz ir werbet ze Wormez an den Rîn 106, 3
wie hête ich daz verdienet? sprach Gunther der degen 112, 1
dô vrâgete man der maere die unkunden man 142, 3
die unser widerwinnen suln uns willekomen sîn 151, 4
ich sage iu, wer der waere der bie der warte pflac 184, 1
er bat sich eben lâzen und bôt im sîniu lant 190, 1
dâ sehet ir helme houwen von guoter helede hant 196, 3
man hôrte dâ lûte erhellen den helden an der hant 205, 1
wie si leben wolden dâ zer wirtschaft 271, 1
si het im holden willen harte schiere kunt getân 296, 4
er mohte sinen saelden immer sagen danc 303, 2
schirmen mit den schilden unt schiezen manigen schaft 310, 3
und setzen iu des sicherheit, swie iuch des selben dunket guot
313, 4
die unser widerwinnen wellent rîten fruo 315, 2
den sinen widerwinnen wart daz kunt getân 318, 2
diu mir unt mîme rîche ze frouwen müge zemen 328, 2
ich wil durch dînen willen wâgen êre unde lip 338, 4
wir müezen michel sorgen bî hôhem muote tragen 358, 2
er möhte wol erweinen vil waetlichiu wîp 424, 2
mîn houbet wil ich wâgen, irne werdet mîn wîp 436, 4
sô solde ich boten senden der lieben swester mîn 540, 3
gezieret gegen den gesten der Gunthêres sal 571, 2
Gunther mit sinen gesten gie von den schiffen abe 592, 2
sun der Sigemundes mit guotlîchem site 699, 1
sîne vater Sigemunde saget ouch den dienest mîn 743, 1
den minneclîchen meiden unt manigem küenem man 744, 3
iuwer muoter Uote diu hât iuch gemant 759, 2
sô wellen wir iu râten, daz iu wirdet guot 767, 2
mit glanze verre glesten verwieret in daz golt 784, 3
der wirt sich gegen den gesten sêre vlizen began 789, 4
er vrâgete, waz ir waere? weinende er si vant 872, 1
dâ man in mac verhouwen, diu maere saget mir sîn wîp 883, 4
dô hiez der künic künden den jägeren ûzerkorn 952, 1
diu dâ verhouwen hête diu Sifrides hant 980, 2
die liute liefen alle, dâ er erslagen lac 1000, 1

dô het gerochen Hagene harte Prünhilde zorn 1025, 4
und sol ouch Sigemunde disiu maere sagen 1026, 3
ern möhte sînen lieben sun lebenden nimmer mê gesehen 1028, 4
dô kom der künic Sigemunt, dâ er Kriembilde vant 1035, 1
dô wart man des wuofes in der stete gewar 1048, 3
und allez sîn gesinde, daz sîn von rehte pflac 1067, 3
lât mir nâch mîme leide daz kleine liep geschehen 1077, 1
si huop sin schoene houbet mit ir wîzen hant 1078, 2
daz man sô grôzer milte mêre nie gesach 1141, 3
durch Sifrides sêle, unt umb aller sêle heil 1159, 2
ich hân erkant von kinde die edelen küniginne hêr 1170, 4
Gêrnôt unde Giselher, die stolzen ritter guot 1238, 2
fünf hundert mîner manne unt ouch der mâge mîn 1289, 1
so ir mich ermant der maere, daz ihs nimmer mich gescham
                                                        1289, 4
in wil behalten Hagene, daz sol man Kriemhilde sagen 1296, 4
Gêrnôt unde Giselher, Gêre unt Ortwîn 1521, 1
nu sult ir snellen degene von dem sedele stân 1760, 3
er weste wol diu maere, ir reise was im leit 1763, 3
der helt was wol gewahsen, daz ist alwâr 1774, 1
nu sult ir mich der maere mêre wizzen lân 1781, 1
swâ sô friunt friunde friuntlîch gestât 1842, 2
daz wolde got, her Gêrnôt, unt möhte daz ergân 2246, 1
er vrâgete war si wolden? wir wellen mit iu dar 2310, 1
si hiuwen ûz den helmen den heize vliezenden bach 2347, 4.

Nicht seltener kommen Verse vor, deren erste Hälfte einen,
die andere zwei Liedstäbe hat. Ich führe beispielshalber nur fol-
gende an:

die si mit borten wolden würken ûf ir wât 30, 1
ir ros diu wâren schoene, ir gereite goldes rôt 68, 1
daz muose sît beweinen vil manic waetlîchez wîp 201, 4
von in wart verhouwen vil manic wunde wît 204, 2
dar zuo der künic den gesten gâbe groezlîche bôt 256, 4
sich zierte minneclîche vil manic waetlîchiu meit 278, 4
ir heizet Sifriden, den Sigemundes sun 291, 1
wir gern staeter suone unt geben michel guot 313, 3
nu râtâ, degen küene, waz dich des dunke guot getân 315, 4

der künic mit sînen mâgen, vil manic edel man 321, 3

ûz ir kemenâten Kriemhilt diu künigin 369, 3

ob ich gewalt des haete, si müese werden mîn wîp 401, 4

ez müezen ê bevinden mâge unt mîne man 486, 2

daz ir mich habet gesendet, daz sult ir Prünhilde sagen 492, 4

lât wizzen mîne brüeder, wie wir geworben hân 543, 3.

an daz gegensidele man Sifride sach 622, 2

dô kom ir ingesinde, die sûmten sich des niht 632, 1

er wânde vinden freude, dô vand er vintlîchen haz 639, 4

Sîfrit der vil küene sol hie nu selbe voget sîn 711, 4

gein disen sunewenden sol er mit sînen man 742, 3

des half mit grôzen zühten Giselher unt Gêrnôt 798, 3.

dô huop sich in dem lande harte hôch ein spil 816, 1.

mit ungefüegem leide vil des volkes ranc 1073, 2

dô sach man Gêrnôten unt Giselhêren gân 1107, 2

si sprâchen: „welt ir immer gewinnen edel wîp 1167, 2

wir suln ze hôve rîten unt suln daz besehen 1771, 3

er brâhte in zuo dem sedele, dâ er selbe saz 1211, 1

si jach, daz si geminnen nimer mêre wolde man 1276, 1

in einen palas wîten, der was vil wolgetân 1347, 2

der mir gaebe türne von rôtem golde guot 1836, 2

sô slahe ich eteslîchem sô swaeren gigenslac 1865, 1

dô sluog er Bloedelîne einen swinden swertes slac 1979, 1

der sluog er eteslîchem sô swaeren swertes swanc 2002, 2

dô sluogen die vil müeden manigen swinden slac 2268, 1

Es begegnen uns, wie diese vielleicht unvollständige Lese zeigt, Verse mit drei Liedstäben in unserem Gedichte oft. Wie liesse sich erst deren Anzahl vermehren, wenn man nach Vilmar's Vorgange sich Änderungen einzelner Wörter oder das Heranziehen einer folgenden Zeile erlauben würde! — Fischer bemerkt aber zu dieser häufigen Erscheinung alliterirender Verse: „Aber was ist damit bewiesen? Manche der angeführten Stellen schliessen allerdings fast die Möglichkeit eines Zufalles aus, andere aber können gar wohl zufällig entstanden sein, und nimmt man erst die Verse mit zwei Stäben und die mit zwei verschiedenen einander durchkreuzenden Stabpaaren hinzu, was doch — legt man einmal Gewicht auf die Sache — kaum unterlassen werden dürfte: so gewinnt der

Zufall immer mehr Spielraum und es möchte schwer sein, eine feste
Grenze zu ziehen. Daher, so viel Einleuchtendes und — wir möch-
ten sagen — Verführerisches Vilmar's Ansicht hat, ist sie uns doch
zu unsicher, um als Mittel der Kritik gebraucht zu werden; begnü-
gen wir uns mit der Überzeugung, die aus den angeführten Stellen
hoffentlich mit Sicherheit hervorgeht: dass die Spuren der Allitera-
tion, insoferne sie überhaupt Beweiskraft haben, weder Lachman's
Kritik noch die Handschrift *A* unterstützen, sondern in die Wag-
schale der Handschrift *C* fallen." Wir können dieser Äusserung
unsern vollen Beifall geben, müssen aber vorhinein bemerken, dass
wir diese angeblichen Trümmer der Alliteration durchaus für zu-
fällige halten, welche nicht aus alten Liedern herüber genom-
men sind. Einige sind höchstens in soweit nicht zufällig, als der
Dichter sie hie und da als Mittel rhytmischer Malerei absichtlich
gebrauchte. Um diese Ansicht zu rechtfertigen, greifen wir weiter
aus und ziehen auch die Alliterationen in anderen Dichtungen in den
Kreis unserer Betrachtung. Wir werden daraus ersehen, dass allite-
rirende Verse nicht nur im Nibelungenliede, sondern auch in ande-
ren, namentlich solchen, die in Langzeilen verfasst sind, uns oft
begegnen. Ich beginne mit Gudrun, die auch in dieser Beziehung
dem Nibelungenliede am nächsten steht.

der wirt weinte sêre, sîn brust diu wart im naz 62, 1
dô wolten si des waenen, ez waere ein wildez twerc 75, 2
dô giengen in engegene die ritter stolz unt guot 115, 2
ze Hilden und ze Hagenen hin ze hove gân 258, 3
Hetele sprach zen helden: nû gebe iu got von himele sîn geleite
                                                          282, 4
von keinen koufliuten in des küneges landen 300, 3
Hôrant vorhte Hagenen. im begunde dâ ze hove leiden 403, 4
Hetele der herre vil hêrlichen streit 522, 1
daz Wate arzât waere von einem wilden wîbe 529, 3
den lebenden was gelungen, si heten dort verlân 545, 2
diu Hilden heimreise mit Hetelen geschach 547, 1
Hagenen kuste Hilde und neic dem küenege hêr 559, 1
er unde sîn gesinde gesâhen nimmer mêr 559, 2
mit mînem silber sende zwelf soumaere 595, 3
si kâmen zuo dem küenege ze hove sô si aller beste kunden 605, 4

Hetelen unde Hilden . daz muote Hartmuoten harte sére 623, 4

Hetele unde Hilde; die wolten hoeren beide 659, 3

von liuten wart sô laere ze Alzabê daz lant 670, 2

sit man im brach die bürge und im die marke in allen enden brante

678, 4

nû wil mîn herre Herwic versuochen iure triuwe, maget hére 684, 4

die Hetelen helde sach man mit herten siten 717, 2

von Hegelinge Hetele und herre Sivrit 722, 1

sî sâhen, sunder scheiden hie besezzen lac 731, 1

sun, gebet den gesten, sô gibe ich hie heime mînen helden 743, 4

diu burc diu was zerbrochen, diu stat diu was verbrant 801, 1

zuo einem wilden werde. der was geheizen dâ zem Wülpensande

809, 4

Hilte diu vil hére ir herze unde ir sin 810, 1

dîn bürge sint zebrochen, verbrennet ist dîn lant 816, 2

dô hiez man Herwigen hin ze hove gân 821, 1

des heizet iuch mîn herre der künic Hetele vrâgen 831, 3

westen wirs ze vinden, sô müese in werden wê 836, 2

ez was ein wert vil breiter und hiez der Wülpensant 848, 1

ûf dem Wülpenwerde woltens Gûdrûn gerne wider bringen 883, 4

und die wilden wolve ûf dem werde lâzen niezen 911, 3

daz mich niht mac gelüsten deheines recken minne 1027, 3

ir sult mit siten guoten sîn bî mîner vrouwen 1044, 3

die sî an vrowen sedele harte selten liez 1051, 2

diu sî dâ léren solte, mit ir ûf den sant 1057, 2

si engienge in engegene und gruozte sî besunder 1105, 3

dâ leben die liute schône. sô rîche sî ir lant 1129, 1

ez hât mîn vrou Hilde vunf hundert brünne 1147, 3

daz dû sô vil gevliuzest ûf diseme vluote 1166 4

haete ûz Hegelingen Hilde diu rîche †187, 3

waeren warme winde, wir wüeschen ofte iu deste mére 1190, 4

und waschet wât die mîne, daz daz lûter wazzer nider vlieze

1201, 4

al der welte wünne die solte ich gewinnen 1246, 3

dâ mite ich wart gemahelet Gûdrûn ze minnen 1247, 3

nû sult ir sehen dize, daz mîn vriedel sande 1249, 3

du solt haben holden Herwigen dînen vriedel héren 1261, 4

ir Hartmuotes helde wir wellen ruowe hân 1328, 2

dô sach sî rîche segele wagen ûf dem sê 1359, 1
wan ich den grimmen gesten der êre niht engan 1375, 2
houwet ûz den helmen den heizen viures schîn 1388, 2
daz im der wert erwagete und der wâg erdôz 1394, 2
dô wolt im niht entwichen der waetlîche man 1468, 2
viel ir vûr die vûeze. sî klagete ir vater Ludewigen sêre 1478, 4
waeren die niht entwichen, sô waerens von den gesten gar
                                        zerhouwen 1507, 4
dô wart ir Wate der alte in der zît gewar 1510, 1
die vremeden zuo den vriunden müezen alle wesen hie die veigen
                                        1520, 4
dô sich erhouwen hacten die helde ûz Tenelant 1532, 1
man liez der niht belîben, die man in daz lant 1610, 2
dan man dâ gap den gesten. daz wâren ouch vroun Gûdrûnen raete
                                        1616, 4
dâ mite er mîne mâge unde mich ze vriunden müge gewinnen
                                        1629, 4
sî gewunnen sunder ein sûberlîchez her 1689, 2
daz sî dâ nâch selten gesâhen einander mêre 1690, 3.

Auch Verse mit zwei Liedstäben in der zweiten Hälfte kommen
nicht selten vor. Ich habe folgende verzeichnet:

nâch sînes vater tôde volgte im beide vreude und michel wünne
                                        7, 4
sît wart ez in vremede: ez wart von in gevüeret verre dannen 24, 4
der wirt hiez dô satelen im und sînen besten ingesinden 148, 4
nû kiese Wate selbe, welhe er mit welle heizen rîten 252, 4
stuont nâch hôher minne. er machte manegen man 268, 3
sî gab im abe ir hende: niht goldes was sô guotes 398, 3
dô sluoc Wate der alte, daz im erwaget der wert 515, 1
ze hove kômens alle, als Hetele und vrou Hilde nâch in sande
                                        563, 4
brâhte er sîne helde, wan si in dâ hiezen herre 564, 3
daz man gesaget haete von Hetelen und von Hilden 601, 3
der ouch diu lêhen hacte von Hagenen mînem herren 611, 3
sam sî gewalticlîchen der welte ze ende wolten 673, 3
· sî bat ir vater Hetelen zuo des künec Herwiges helfe rîten 685, 4
daz man dâ die porten und vesten bürge brach 700, 2

ê Hetele wider kaeme mit sinen helden hin ze Hegelingen 736, 4
mîn lant ist verbrennet, mîn bürge gebrochen nider 823, 1
Hetele unde Ludewîc die truogen hôch in hant 880, 1
daz vole sach man allez sigen über sant 899, 2
vrowe, man sol wenden dâ zem Westerwalt 945, 2
dô sprach aber Ludewîc: „lât in niht wesen leit 958, 1
mit vlîze hiez man kleiden die Hartmuotes helde 972, 3
ir unde ir gesinde solt dû bote sagen 1081, 1
wol mit tûsent helden wol bereitet wart 1092, 2
und wolten die liute niht lenger lâzen klagen 1117, 2
ir müget niht bewîsen mich und mîne man 1379, 2
daz si ûz der schar wichen, daz man ir wunden wit 1426, 2
mit werfen und mit schiezen, Wate doch gewan 1496, 2
noch suochte Wate der alte die widerwarten sîn 1518, 2
man hôrt vil schefte brechen, die dâ helde neigten in ir handen
1668, 4.
dô sprach Hilden tohter: „Herwîc, herre mîn 1631, 1
dem si dâ kom ze handen, der was von hôhem guote lange ein herre
1685, 4
gedingen mit den vînden in vride sîner vrouwen 1687, 3.

Verse mit zwei verschiedenen Alliterationen, wie:

und muost die kleider waschen in den küelen winden 1664, 3
man sach den von Stürmen von dem sedele stân 1682

begegnen öfters.

Auch Alphart's Tod bietet ganz regelrecht alliterirende Verse,
zum Beispiel:

ich gaeb dir harte gerne mîn silber und ouch daz golt 19, 3
sie begonden zu im gâhen, daz ist ine grôze nôt 153, 2
die mit ûch ûf der warte wâren? mir tûn ûwer wonden wê 182, 4
er kan helme hauwen den helden dorch ir leben 198, 3
wen ich mit stormes stôzen mit stride hie bestân 249, 5. 258, 1
du wilt mir als entwichen; ez ist ein ûzerwelter degen 283, 4
dorch helm und dorch hûben hieb er den ritter gût 302, 1
Ekart hiez balde brengen ein begozzen brôt 309, 1
von wannen sie wâren, oder wer sie het ûzgesant 339, 4

(Zingerle.)   2

er gibt sich vil gerne sin silber und sin golt 421, 2.
Haehe unde Hilbrant, die zwéne helden gût 433, 1
Berchtram von dem Berge den slûg Hilbrant 442, 1

Alliterationen anderer Art sind in Alphart:

dâ saz Ekhart und Hünbreht, Hartung und Helmnôt 74, 1
dâ rumb sô werden mich clagen alle werde wîp 276, 2
friuntschaft unde süene sal im gar vorsaget sîn 404, 4
dâ kêrte nâch dem schalle Ekart der küene man 449, 4.

° Auch andere Gedichte, in Langzeilen geschrieben, bieten Beispiele von alliterirenden Versen, z. B.:

von rossen und von ringen nâmen die Cristen grôzen roup. Ortnit
474, 2
du wilt des niht erwinden, du wellest, herre, daz. Ortnit 539, 1
der liute und ouch des landes leider nieman phlae. „ 592, 2
doch gab er also lange unz des guotes niht beleip. „ 53, 1
ich weiz wol, wes si muotent, des werden si ouch gewert. Ortnit
469, 3
ûf Kunstenobl ze Kriechen ein gewaltiger kunic saz. Wolfdietrich
1, 1
er het in sînem herzen behalten manigen tac. Wolfdietrich 44, 3
âwê! wiltû niht wachen, wunderküene man. Wolfdietrich 585, 1
wer liez im sin künicrîch? er mac niht küniges kneht. Wolfdietrich
65, 2
und klagte klegelichen der küene wigant. Hugdiet 551, 4
ê wil ich heime lieber mîn houbet halten ganz. Rosengarten 248
dirre brief ist boese, sprach von Berne der küene man. Roseng. 287
er geleite si mit éren durch Lamparten lant. Rosengarten 364
daz ir durch rôsen willen rîtent an den Rîn. „ 432
nu waer ich gegen gote vil gerne ein guoter man. Rosengarten 458
man von uns seit unt sunge; daz sagen ich dir vür wâr. Roseng. 532
sô rehte wünnencliche der münich gewâpent was. Rosengarten 567
ê daz ich in laster lebete, vil lieber waer mir der tôt. Roseng. 1549.

Man könnte jedoch bei diesen Gedichten, deren Stoffe der deutschen Heldensage entlehnt sind, behaupten, derartige Verse seien aus alten Liedern herüber genommen, wie dies Vilmar von den alliterirenden Versen des Nibelungenliedes geltend gemacht hat. Dieser

Einwand fällt aber geradezu fort bei Gedichten, die unbestreitbar
Erzeugnisse eines Kunstdichters sind. Greifen wir nach dem jün-
geren Titurel, dessen Strophe aus der Nibelungenstrophe heraus-
gebildet worden ist, so finden wir alliterirende Verse in nicht gerin-
ger Anzahl. Schon der Eingang bietet uns folgende:

noch edeler ist diu tugent, der edel ob aller edel höhe wedelt 9, 4

hie wil ich niht mêr soumen der selben sache künde 20, 1

heiliger geist, din güete müez uns bewarn vor boeser geiste brennen

28, 4

vil sanft in wazzers wise und vellet under wilen sam die steine

35, 4 ¹)

dar inne ein fiwer sich funket und muoz durch ander tugent wol

gevallen 36, 4

und ligt aldâ die lenge. sust wirt ez licht kristallen klâr gesteinet

37, 4

mit wazzer wirt beclâret der mensch nâch ander wise 44, 1

an witzen wirdeber ist er wol, wer im niht lât entslîfen 45, 2

noch michel mêr der werlde minner fliesent 52, 3.

 Die erste Aventiure enthält:

waz Parcifal dâ birget, daz wirt zuo liehte brâht ân vackel zünden

77, 4

immer sêlic sie hie wâren und dort was sie got selbe werende 78, 4

vil kiusch in reiner wise, sô daz sie ûf wertlich êren wale 79, 2

der werden fruht zu werde was aller werden fruhte 80, 1

aller kinde ein krône gewan der dâ zu kinde 91, 1.

wurde allez von wurz gesaffet, biz der stam an creften wirt sô veste

96, 2

sô wêr ich dannoch der werende an lip, an kunst, an witzen und an

veste 99, 2

daz wart in sit gewandelt gar wider reht durch miete 102, 1

daz vil der freuden wernde was mit wirde in manigen landen witen

109, 2

ein keiser hiez Tyberie, des kunne was kunic der riche 125, 1

daz witiwen und weisen unrehtes gewaltes bliben ungeletzet 128, 4

mit wirde wider wegende was er ir die triuwe riche 133, 1

---

¹) Hahn: „wazzers wizze".

2*

Es würde zu weit führen, wenn ich auch aus den ferneren
·Aventiuren die alliterirenden Verse aushübe, nur einige zufällig
heraus gegriffene Verse mögen noch eine Stelle finden:

Vil liebez liep beltp alhie . vil liebez liep var danne 717, 1
daz er mit strit erstriten het die strangen 1591, 2
an gesunt libes und lebenes lebten dester lenger lebeliche 1646, 4
halsperc und hersnier, helm und wâpen golzen 1649, 1
niht zu bloede und niht zu bald die beide 1692, 3
in wildes walt gevelle send ich dir wilden boten wildecliche 1845, 2
die wolten des niht wideren, sie teten waz er hieze 1898, 1
dâ liez er Leheline ledic niht der verte 1908, 1
durch kraft und kunst zu kiesen dar zu ellen 1930, 3
gelucke wolt ez walden ze wunsche gar den frowen 1961, 1.
freude sint frowen und frowen freude die beide.
durch frowen freud genennet wart . er habe undanc, der frowen
freude leide 1983, 3.

Auch in Lohengrin begegnen uns derartige Findlinge:

wolt ir in mînen wâc iht waten vüre baz 79
unt volget der vürstinne vroelich an daz lant 789
sô manec mâge unde man 1604
tougenlîche ir wize hende weinent want 2142
den helm er het ze houbet vaste gebunden 2193
sus quâmen vriunt unt vint gevarn 2811
lip unde leben und gülte von ir lande 5060
dô der keiser wolt die keiserlichen krôn 6545
dô viel er sine venje, die ein keiser vallen solde 6547
und der keiser under keiserlicher krôn 6745
swie lieplich liep bi liebe lac 6821
herre von Lütich, liut unde lant 7211
ê sie verlür lip unde leben unt sinne 7290

Allein nicht nur in Langzeilen, selbst in kurzen Reimzeilen be-
gegnen uns drei alliterirende Wörter. Ich verweise zunächst auf die
Krone des Heinrich von Türlein, aus der ich folgende mir angezeich-
net habe.

der val wart verre vester 1441
er singt von minne süezen sanc 3412

ze den sîten sêre gesêret 6345

ouch was des wirtes gewete 6756

waz an sinem wirte was 6917

und hâte ein horn an der hant 6999

und in lange lieze leben 8932

wol gewâfent und bewart 9810

wan er was des wol gewis 10093

ein wîle er dâ wider was 15460

von ir wâte ein winster wint 15830

wie dick er zeinem zagen zalt 16296

die vlûge dô ze velde vlugen 18529

wan ein wunden wite 19494

des het min kunst kleine kraft 22245

wîbes güete vil guotes gît 22449

sô wîte; ich waen, vil ungewar 24043

daz west ich wol, solt ez wesen 24041

wan sie wol bewart wart 24005

lîp, liute unde lant 25603.

Diese Verse mit drei zufälligen Alliterationen sind mir aufge-
stossen, ohne dass ich darnach Jagd hielt. Zweifelsohne liessen sie
sich bei genauer Durchsicht des Gedichtes um's Drei- oder Vierfache
vermehren. In v. Langenstein's Martina fielen mir folgende Allite-
rationen auf:

die lengirn went des libis leben 23, 15

dâ minne minne minnet 89, 83

lieb und leit gelîche 112, 32

einen fursten fuoren für 140, 31

wan ez was wol ir wille 167, 76

daz die boume bluogent balde 193, 79

der sunder in sinem sinne 204, 1

ein heil ein heilic hantgifte 211, 82

ir lîp erstarb, ir lop daz lebt 213, 86

sorgen und unsêlden sat 215, 86

daz wunder wêre dâ gewesin 218, 9

zuht was ir zeltes zoun 221, 25

in diner hôhen himel hort 226, 66

Martina martir unde maget 229, 7

diu frîge frîheit vorhten frî 267, 22
diu sêle und siben sêlde 268, 11
der sêle sehste sêlde dort 268, 71.

Zum Schlusse gebe ich noch die alliterirenden Verse Ulrich's von Lichtenstein. Sie sind:

die heten hôhen habedanc 3, 12
ze werben umb daz werde wîp 6, 14
süeziu wort mit werken wâr 9, 21
diene unde werbe umb werdiu wîp 21, 20
der sus, der sô, nâch ritters siten 42, 32
und sêre senede sinne 45, 30
hôch in vreuden vliegent var 46, 12
der nâhen bî bî liebe lieblîch lît 104, 29
des bitet sî, der bot ich bin 113, 4
ich het vil hôher freuden hort 156, 7
er gibt, er müez im geben guot 167, 10
er sol des werden wol erwant 169, 10
von wanne ich waere oder wer 175, 15
vil wol ich dô gewâpent wart 182, 15
von manegem hôchgemuoten man 198, 12
ez waer diu künegin worden wunt 224, 6
und wil er werben werdikeit 236, 32
vil wol erwirbet werdez wîp 309, 12
erwirbet nimmer werdez wîp 375, 2
swer werdez wîp erwerben wil 430, 30
żuo mîner schar sich schône schart 499, 3
von manegem minne gernden man 493, 4
und waer man warden sîn gewar 510, 28
swâ liep bî herzenliebe lît 510, 31
alsô dâ liep bî liebe lît 511, 9
ich salbe mit vil süezer salben 584, 13
iwer lîp hie lange lebe 591, 13
mîn heil sî von der hoehsten hant 592, 27.

Diese Beispiele beweisen zur Genüge, dass Verse mit drei gleichen Anklängen selbst in kurzen Zeilen nicht selten vorkommen. Wollte man nach Vilmar's Verfahren in seiner Schrift vorgehen, so würde man besonders in Gottfried's Tristan alliterirende Verse in Menge vorfinden.

Für uns genügt es, nachgewiesen zu haben, dass auch bei anerkannten Kunstdichtern Verse mit Alliterationen vorkommen und diese sind nach unserer Ansicht eben so wenig älteren Quellen entlehnt, wie es nach unserer Überzeugung jene im Nibelungenliede sind. Doch wird man fragen, worin liegt der Grund der häufig vorkommenden Alliterationen im Nibelungenliede? Und diese Frage wollen wir nun zu beantworten suchen. Eine bedeutende Anzahl der Alliterationen im Nibelungenliede beruht auf den Eigennamen. Sigfrid ist Sigmund's und Sigelinde's Sohn, die drei Könige von Burgund heissen Gunther, Gernot und Giselher, wie uns schon die lex Burgundionum (III.) die Namen der burgundischen Fürsten alliterirend vorführt: Gibicam, Godomarem, Gislaharum, Gundaharum und Gundobad [1]). Durch diese Eigennamen ist die Veranlassung zu vielen alliterirenden Versen gegeben, ohne dass wir desshalb an die Herübernahme solcher aus einem älteren Liede denken dürfen. Die Namen sind aus älteren Quellen entlehnt, nicht aber die sie enthaltenden Langzeilen. In der ältesten Zeit scheint man alliterirende Namen in derselben Familie geliebt zu haben, oder sie sind wenigstens in der deutschen Heldensage gang und gäbe. Ich verweise auf Heribrant, Hiltibrant, Hadubrant. Dietrich ist Dietmar's Sohn, Hilde Hagen's Tochter, Blödlin ist Botelunge's Sohn. Dietleip's Mutter ist Dietlinde, Wieland ist Wittig's Vater. Gatten führen gleich anklingende Namen wie Sigemund und Sigelinde, Hagen und Hilde, ja Freunde und Freundinnen werden durch den verwandten Anklang ihrer Namen verbunden und es geht noch weit herab in's Mittelalter der geheimnissvolle Zug zwei gleichanlautende Namen an einander zu reihen. Ich gebe hiefür die mir zu Diensten stehenden Belege ohne auch nur auf annähernde Vollständigkeit derselben Anspruch zu machen.

Sigemunt unde Sigelint. Nibel. 28, 2
Sigemunt unt Sigelint. Nibel. 42, 1
Sigeline unt Sigemunt. Nibel. 716, 1

---

[1]) Waitz, Kampf der Hunnen und Burgunden. Forschungen zur deutschen Geschichte. I. S. 8.

Gunther unde Gérnôt. Nibel. 3, 2. 56, 4. 2266, 2

Gunthern unt Gérnôten. Nibel. 1171, 1. Biterolf 12450

Giselher unt Gérnôt. Nibel. 923, 2. 1130, 1. 1310, 1

Gérnôt und Giselher. Nibel. 1238, 2

Giselher unt Gére. Nibel. 1212, 1

Håwart unde Hagene. Nibel. 2129, 1

Liudegast unt Liudegér. Nibel. 152, 2. 892, 1. Biterolf 7631.
                8476. 10162. 11732. 1274 u. öfters.

Liudegast unde Liudegér. Nib. 888, 1

her Hagene und vrou Hilde. Gudrun 179, 3

unde Hagene bî Hilden. Gudrun 182, 2

Hetele unde Herwic. Gudrun 647, 1. 732, 4

Hartmuot unde Hildebure. Gudrun 1650, 4

Rienolt unde Randolt. Biterolf 7643

Wolfprant unt Wolfwin. Biterolf 7793

Wikhart unt Wikhér. Biterolf 7797

Gunthér oder Gérnôt. Biterolf 8686

her Gunthér und her Gérnôt. Biterolf 13134

Wikhér unt ouch Wiknant. Biterolf 9261

Hache unt Herdegen. Biterolf 10171

Wikhér unt Wikhart. Biterolf 10377. Alphart 76, 1

Wolfwin unt Wolfprant. Biterolf 10378

Irenfrid und her Irinc. Biterolf 10496

Schirin unt Sytomér. Biterolf 1720

Randolt unde Rienolt. Biterolf 12042

Dietleip unt her Dietrich. Biterolf 12344

Heime unt ouch her Hildebrant. Biterolf 12922

Helfrich unde Helmschrôt. Alphart 73, 4

Hartung unde Helmnôt. Alphart 74, 1

Wittich Wielandes barn. Alphart 283, 1

Hache unde Hilbrant. Alphart 433, 1

Witege und Witigisen. Dietrich's Ahnen 8631

her Isolt und her Imiân. Dietrich's Ahnen 8569

Madelolt unt Madelgér. Dietrich's Ahnen 8637

her Hiltebrant unt Helferich. Dietrich und Gesellen 709

Blödelin unt Boltzolde. Dietrich und Gesellen 1043

Wittich unde Wolfhart. Laurin 1087. 1167. 2359. 2716. 2777.

Dietleip unde Dietrich. Laurin 1103. 1211. 2533

Gernôt unt Giselhèr. Klage 206
Giselher und Gernôt. Klage 1226. 3772
Giselhern unt Gernôt. Klage 3545
Hildebure unt Herlint. Klage 2361
Irine unt Irnfrit. Klage 2499
Gernôt unde Gûnther. Rosengarten 26
Dieterich und Dietleip der degen. Rosengarten 575.

Diese Beispiele mögen genügen. Allein nicht nur in Gedichten, welche zur deutschen Heldensage gehören, finden sich derartige Zusammenstellungen, sondern auch in jenen, welche fremde Stoffe behandeln. Ich führe beispielshalber nur folgende Belege an:

Mèliz und Meljadoc. Erec 2234. 2552.
Glangodoans und Gareles. Erec 1659
Galagaundris und Gàlôes. Erec 1661
Marke unt Melot beide. Tristan 375, 18
als tete Melot und Mariodô. Tristan 378, 39
Gerjes unde Gergìs. Strickers Karl 1758
Laebuz und Losidz. Meleranz 11703
Meleranz und Malloas. Meleranz 12468
Gahariet und Gàwàn. Meleranz 2391. 12596. 12601
Gàrel unt Gaherjèt. Parz 664, 30
Màlarz und Malatras. W. Willehalm 32, 13
Merabjax und Matreiz. W. Willehalm 32, 16.

Auch Orts-, Volks- und Flussnamen werden in alliterirender Weise verbunden, z. B.:

ze Aràbie und vor Aràbî. Parz 15, 21
ze Aràbie unt in Aràbî. W. Willehalm 215, 28
Aràbie und Aràbî. W. Willehalm 262, 15
Adromahôt und Aràbî. W. Willehalm 125, 12
von Thasmè und von Tryant. W. Willehalm 263, 16
von Tribalôt und Tenebrì. Sentlinger 17332
von Klam unz hin ze Klûse. Ecke 207
ûz Abakie und die von Alzabè. Gudrun 673, 2
Priuzen unde Pôlàn. Kaiserchr. M. 14040
die Priuzen und die Pôlàn. Biterolf 8279

beide der Liven und der Liten. Livländ. Chr. 5360
ir Letten unde ir Liven. Livländ. Chr. 1519
die Letten unde Liven. Livländ. Chr. 1574. 1891
nâch Letten unde nâch Liven. Livländ. Chr. 1739
Letten, Liven und diu lant. Livländ. Chr. 6512
Littouwin und Liflande. Jeroschin 6, 51
von dem Rîne unz an den Roten. Kaiserchr. M. 15283.
vonme Roten zuo dem Rîne. Nibel. 1268, 2.

Wie gang und gäbe es war, alliterirende Eigennamen mit ein-
ander zu verbinden, zeigt uns Neidhart, der in seinen Liedern fol-
gende Beispiele bietet:

Anze und Adelber 35, 23
Engelbreht und Adelmâr 42, 7
Engelwân und Uoze 54, 14
Engeldich und Adelvrit 55, 34
Erkenfrit und Uozeman 57, 36
Eberolt und Amelunc 64, 32
Uodelgêr und Undelhart 64, 33
umb Uozen unde umb Anzen 66, 35
Lutzen unde Lanzen 66, 37
Irenwart und Uoge 84, 20
Erphe und Adelwin 94, 7.

In den unechten Liedern desselben begegnen uns:

Else und Elle XXVII, 3
Walbreht unde Wiltebreht XXXIX, 5
Eppe und Engelhart XXXIX, 6
Uote und Otte XXXIX, 7.

Seifried Helbing koppelt fingirte Hundenamen, die alliteriren,
zusammen:

wol liuf Wenk und Werre IV, 423
der ander Wân, der dritte Wank,
der vierde Fruot, der fünfte Frank IV, 457.

Ähnlich verfährt Hadamar von Labers:

Fröude, Will und Wunne,
Trôst, Staete und Triuwe,

die hunde ich sô erkenne 17,1

Trôst und Triuwen 466, 5

für Hoff und Helfe 498, 5.

Ausser dieser Verbindung gleich anlautender Eigennamen finden wir im Mittelalter eine Menge eingewurzelter alliterirender Formen, die sich aus der alliterirenden Periode erhalten haben und zum Theile heutzutage noch fortleben. J. Grimm hat eine reiche Lese derselben in seinen deutschen Rechtsalterthümern (S. 6—13), jedoch mit vorzüglicher Rücksicht auf deutsche Gesetze und gerichtliche Urkunden mitgetheilt. Ich gebe hier ein Verzeichniss mit besonderer Hinsicht auf die Gedichte des Mittelalters. Da in solchen Alliterationen meist nur gleichartige Redetheile, nicht ungleichartige gebunden werden, wie Grimm bemerkt[1]), so will auch ich nach seinem Beispiele die Aufführung der Belege einrichten.

Substantivische Alliteration (Grimm RA. 6—10).

Adel und alter. Walther W. 67,6

an adel und an êren. Dietrich und Gesellen 433

Alter unde armuot. Parz. 5,16

Dem anger und den alben. Troj. Kr. 29660

Dîn art noch dîn ahte. W. Titurel 49, 4

Vür den balsem und den bisem. Gold. Schm. 193

mit bisem unt mit balsems trôr. Lohengrin 6064

Bart unde brâ. Flore 3058

Swaz inder hât bein oder bluot. Lobgesang 72, 11[2])

Mit gebende unt mit bougen. Servatius 124

Beide berge unde brüch. L. Alexander 4740

Under pette und under der pank. Wolfdietrich 122, 2[3])

Swenn iwer bete und iur gebot. Eraclius 454

mit bete und mit gebote. Eraclius 4333

ez ist mîn bete und mîn gebot. Iwein 238

ir gebot unde ir bete. Iwein 3086

[1]) RA. S. 6.
[2]) Ich bezeichne damit den Lobgesang, der früher irriger Weise Gottfried von Strassburg zugeschrieben wurde.
[3]) Vergl. Grimm RA. S. 6.

daz ist min bete und min gebot. Iwein 4781
weder ir bete noch ir gebot. Tristan 323, 5
mit bete beide und mit gebote. Silvester 4409 u. 5217
des küniges bete und sin gebot. Troj. Kr. 19390
daz er mit bete, noch mit gebote. Barlaam 214, 23
diz was sin bete und sin gebot. Barlaam 368, 22
ez ist min bet und min gebot. HGA. LIX, 44
nu ist min bet und min gebot. HGA. XLVI, 90
din pet noch din gepot. Ortnit 406, 3
sin pet und sin gepot. Wolfdietrich 21, 3
die durch pet und durch sin biet. Lohengrin 6495
Von bihte und durch buozze. Milstäter HS. 109, 34
zu der gehört peiht und puzze. Leben Christi 357 [1]
Vor blickin und vor brahte. Martina 52, 88
Bluomen unde blat. Walther W. 77, 19
der jugent bluomen und ir bleter. Gold. Schmiede 1867
bluomen unde boume. Wigalois 21, 18,
Mit pogen und mit polze. Milstäter HS. 46, 19
bogen unde bölzelin. Parz. 118, 4
Borten unde bouge. Nibel. 278, 3
Min gebot und minen ban. Troj. Kr. 16265
sô mit gebote sô mit bete. Tristan 15, 7
weder mit gebote noch mit bete. Tristan 158, 14
gebotes unde bet. Krone 27710
mit gebote und ouch mit bete. Schwanritter 617
sins herren gebot und sine bet. Reimchron. ed. Schütze
ir gebot und ir bete. Eneit 163, 11
durch sin gebot und dorch sine bete. Eneit 353, 31
sin gebot und sine bete. Lohengrin 2305
Des riches brief und sin gebot. Helbling VIII, 1093
sin brieve und sine boten. Lohengrin 1622
Von bröte und von brunnen. Gregor 2740
Er habe brucke und den berg. Dietrich und Gesellen 691
Weder brunnen noch bach. Servatius 1376
In puschen und in bruochen. Livl. Chr. 3375

---

[1] H. Zeitschrift. V, 27.

Distel unde dorn. Anegenge 18, 83
der selbe distel unt der dorn. Tristan 450, 17
dorn und distel unde hagen. Tristan 454, 4
distel unde dorne. Martina 117, 86
die disteln und dornen. Dietrich u. Gesellen 238
dysteln und dörne. Keller Erz. 128, 38
durch dorne und durch gedrenge. Iwein 268. Wigalois 56, 38.
Din vater und din veter. Gold. Schmiede 1868
Üf velden und in vesten. Dietrich's Ahnen 7189
man sach velt unde vurch. Rabenschlacht 761
Vihe und vogele. Milstäter HS. 8, 7
vihe und gefugele. Milstäter HS. 29, 4
ez si vogel oder vihe. Silvester 4665
Finde unde friunde. Alphart 462, 4
unt von im vint unt vriunt zesamne geriten. Lohengrin 4305
vient und friunt gemeine. Walther W. 164 Anm.
vinden unde vründen. Livl. Chr. 8508
Vische unde vogel. Lohengrin 5473
von vischen, vogeln, manegem wurm. Lohengrin 5164
vische noch fleisch. Parz. 452, 22
Sin fleisch und sine vische. L. Alexander 75
fleisch unde vische. L. Alexander 3882. Nibel. 935, 3. HGA. XXXI,
154

alse fleisch unde vische. Eneit 110, 4
ir fleisch unde ir vische. Eneit 111, 23
ob fleisch unde vische. Martina 30, 111
mit fleische und mit vische. Martina 170, 26
er gab in fleisch und fisch. Orendel 3492
man trûg im dar fleisch und fisch. Orendel 1550
ez waere vleisch oder visch. HGA. IV, 264
ez waer fleisch oder vische. Boner 20, 16
ez si daz vleisch oder der visch. Warnung 2460
Die vogel und die vische. Martina 117, 101
Mit volge und mit vrâge. Lohengrin 2242
Vride ist uns und vröude gram. Krone 18996
frid und fruot ist uns bereit. Benecke Beiträge 206
Friunt und vient im des jach. Parz. 339, 8
friunt und vind offenbâre. Lichtenstein 394, 4

wel vriunt oder vigent sint. Boner 43, 12
sus quâmen vriunt unt vint gevarn. Lohengrin 2811
friundinne unde vrouwe. Ortnit 477, 2. 538, 4
friundin unde vrowen. Walther W. 140, 10
sô sî vriundin unde vrouwe mîn. Walther W. 140, 21
Vrôuden unde vrouwen. Mai 179, 1
Vurch oder velt. Krone 15434
Von fürsten und von frien. Dietrich und Gesellen 308. 1011
die fürsten und die frigen. Ebendort 1001. 1051
der fursten unde der frien. Elisabeth. Diutisc. I, 349
ez wart nie vürst noch vogel baz gespiset. Lohengrin 660
Gelt und och gisel. Martina 122, 37
Beide gimmen unde golt. Troj. Kr. 19505
von gimmen und von golde. Krone 3143
Mit giselen unde mit gebe. Rol. 55, 7
Sam ein glos und ein gluot. Dietr. Ahnen 8845
Âne golt und âne gimme. Kaiserchron. D. 464, 25
unde golt unde gimme. W. Lesebuch 190, 8
golt noch gimme. Helbling VII, 444.
uzzer golde unde uzzer gimme. Rol. 57, 23
Grases und grienes. Mystiker I, 271, 4
bêd über grien und über gras. Troj. Kr. 35467 [1])
gras und grieze. Keller Erz. 67, 34
Gülte und guotes. Tristan 383
gülte und allez golt. Troj. Kr. 21632
Guot und gelt. Dietrichs Ahnen 2647
der güete und der gnâden runs. Gold. Schmiede 534.
Ir halsperg unde ir helme. Troj. Kr. 33270
halsperc und auch helm. Leben Christi 98 [2])
halsberge unde helme. Rabenschlacht 518
Har und hut. Herbort 9735
mit hâr und auch mit heute. Dietr. Ausfahrt 862, 10
und zarte hâr unde bût. Martina 230, 79
tôt mit hâr und ouch mit hiute. j. Titurel 5997, 2
an hâre und an der hûte. Eneit 350, 19

---

[1]) Vergl. RA. S. 7.
[2]) H. Zeitschr. V, 20

hâres unde hûben blôz. Hundes Not. 172 [1])

Durch harnesch unt durch horn. Rosengarten 1941

Weder dâ heime noch ze hove. Mâze 78 [2])

Turnûses helfe und sîn here. Eneit 246, 31

Helle und himelrîche. Freidank 18, 12

Dorch helm und dorch hûben. Alphart 302, 1

daz der helm und daz houbet. Rosengarten 1395

erkloup im helm unt houbet. Meleranz 6198

weder helm noch halsbere. Tristan 174, 39. Dietr. Ahnen 8963

helm unde halsbere. Tristan 167, 32

durch helm und durch halsberg. Rosengarten 1394

von helme und von hersenier. Parz 212, 28

ab nemen helm untz hersnier. Parz 219, 2

durch den helm und durch den flinshuot. Str. Karl 10292

Hende und herze. Tristan 456, 35

hende und houbet. Martina 31, 51. Rabenschlacht 830

Die henne mit dem hanne. Helbling I, 663

vil henen und hanen. Keller Erzähl. 506, 23 [3])

Mit herzen und mit handen. Troj. Kr. 27043. 27853. 31161

mit herzen und mit henden. Troj. Kr. 31701. Pantal 1796.

Schwanritter 997. Tristan 123, 24

herze unde hirne. Troj. Kr. 20744

herze unt houbet er neigte. Servatius 2602

Des himels und der helle. Parz. 1, 9.

den himel und der helle grunt. Wartburgkrieg 73, 5

durh himel und durh helle nider. Freidank 69, 19

Hinden unde hirzenvil. Dietrich u. Gesellen 567

diu hinde und der hirz Randolt. Reinhart 1105

hirz unde hinden. Milstäter HS. 46, 20

hirzen unde hinden. Wolfdietrich 24, 3. 64, 1

Hof noch heimuot. Milstäter HS. 36, 19

ûf sînen hof unt in sîn hûs. Parz. 152, 8

ze hove und ouch ze hûse. Lohengrin 1407 [4])

Nû holz nû heide. Erec 3106

---

[1]) Reinhart S. 297.

[2]) Germania VIII, 90.

[3]) Vergl. RA. S. 7.

[4]) Vergl. RA. S. 7.

über holz und über heide. Orendel 2357. 2417

si rittent holz und heide. Orendel 3713

si giengen holz und heide. Wolfd. 424, 1

er gieng holz und heide. Wolfd. 430, 1

dâ reit er holz und heide. Wolfd. 546, 3

Daz horn unt den hunt alsam. Tristan 418, 24

von gehürne und ouch von hunden. Tristan 435, 7

Zwô hosen und einen halsberc. Tristan 165, 28. Garel [1])

die hosen und der halsberc. Garel [2])

Mit houbete und mit handen. Kaiserchr. M. 9181

an houbet und an hant. Dietrichs Ahnen 9453

beide sin houbt und sin hâr. HGA. XLVIII, 217

wie stât sin houbet unt sin hâr. Tristan 19, 35.

er spielt im houbet unde helm. Stricker's Karl 6122

houbet unde hals. Neidhart 96, 22

beide hut unde har. Herbort 7695

hût unde hâr. Kaiserchronik M. 14827

dâ hât sie hût und hâr verlorn. Reinhart 914

daz fuort im abe hût unde hâr. Reinhart 696

beide sin hût unt sin hâr. Reinhart 710

an hüte unde an hâre. Eneit 108, 31

wê ir hiuten unde ir hâren. Walther W. 20, 19.

ich lieze mir hût unde hâr. Eraclius 3438

daz dir hût und hâr ab gê. Helbing I, 1202 [3])

hint unde horn. Lohengrin 5166

Ich zerschlüg dir kalb und kuo. Ring 36, 32

Kasten unde keller vol. Helbing IV, 60

Die keiser unde kunge grôz. Martina 162, 13

keisers unde kunges an. Martina 191, 36

der keiser und der kneht. Helbing II, 939

Kint unde knabe. Lobgesang 57, 11

Ze kirchen unt ze klûsen. HGA. XIV, 1111.

In kisten unde in kameren. Gudrun 1614, 3.

Dâ wolt sie kleinet unde kleider koufen. Lohengrin 1716

[1]) Germania III, 34 u. 36.

[2]) Germania III, 38.

[3]) Vergl. RA. S. 7. Dazu ist nachzutragen: unde der rihter sol im hût unde hâr abe heizen slahen. Berthold 267, 18.

Knehte und die kint. Dietrich u. Gesellen 760
knehte unde koufman. Eneit 248, 7.
Von dem koch und von dem kellaere. Oswald 1787
über den koch und über den kellaere. Oswald 1897
koche unde ir knaben. Parz. 18, 23
Beide kocken unde kiele. Gudrun 843, 4
kocken unde kiel die waeren alle bereit. Lohengrin 5862
Mit chonen joch mit chinden. Milstäter HS. 127, 27
unsir chonen und unsirin chint. Milstäter HS. 161, 28.
Kriuze unde krône. MSH. I, 259ᵃ.
Si ist crône unde cranz. Martina 165, 94
Vor kungen und vor keiser. Martina 50, 7
des hiut kein künec noch keiser sich verzihet. Lohengrin 7310
Sîne kunst und sîne kraft. Iwein 1687
ir strît hât kunst unde kraft. Parz. 25, 12
diu beidiu kunst unde kraft. Martina 286, 24
durch kraft unde kunst. J. Titurel 1930, 3
Lâge und list ûf iuch geleit. Tristan 415, 33
Owê lant unde liute. Troj. Kr. 13194
beidiu lant und liute. Mai 87, 16
lant und liute geirret sint. Freidank 72, 1
lant und liute wil ich êrn. Helbing IV, 670
verderben lant unde liut. Helbling XV, 689
daz im lant und liute volgten mite. Meleranz 6456
der weder lant oder leute oder erbe nie gewan. Wolfd. 543, 2
purge, land und leute mag sy wol gehân. Hugdietrich 122, 3
purge, land und leute sult ir von mir hân. Hugdietrich 127, 3
purge, land und leute mag er wol gehân. Hugdietrich 202, 4
purge, lant und leute macht er in undertân. Wolfdietrich 261, 4
land unde leute mag er wol gehân. Wolfdietrich 897, 4.
und bôt zwei lant unde ir lîp. Parz. 60, 16
Beide laster unde leit. Iwein 1007
mir nâhte laster unde leit. Iwein 693
und im tet laster unde leit. Kaiserchronik M. 18299
ine wil diz laster laster unt diz leit. Tristan 416, 23
sîn laster und sîn leit. Garel [1])

---

1) Runkelsteiner Fresken. S. 7a.

sît er in laster unde leit. Partonopeus 25, 17
si râchen laster unde leit. Meleranz 8584
ob diz laster unt die lüge. Tristan 285, 25
Beide leben unde lîp. Troj. Kr. 44365
beide ûf leben und ûf lîp. Troj. Kr. 5071
mines lebens und libes. Oswald 1050
daz leit uns leidet leben und lîp. Mai 38, 27
ir werdez leben und ir lîp. Konrads Alexius 169
ir leben unde ir lide. Pantaleon 95
Leber und lungelen. Milstäter HS. 6, 10
Leides unde linge. Tristan 128, 36
staetiu linge und werndiu leit. Trist. 129, 2
Den leim und den letten. Milstäter HS. 121, 1.
Lêre unt geleite. Tristan 3, 29
Als umben lewen und umbez lamp. Eneit 299, 40
An geliden und an geliune. Tristan 102, 35
Von sinem libe und von sinen landen. Gudrun 1438, 4
miu lîp und min lant. Parz. 45, 26
ir libes unde ir lande. Parz. 70, 11
ir lîp unt ir lant. Parz. 204, 7
ir lîp unde ir lant. Parz. 209, 22.
dar zuo lîp und lant. Dietrich und Gesellen 1055
siuen lîp und ouch sin leben. Rosengarten 1301
ir lîp unde ir leben. Tristan 323, 11
ich swende an ir lîp unde leben. Tristan 488, 37
ze libe noch ze lebene. Tristan 488, 39
umb ir lîp und umb ir leben. Troj. Kr. 7715
mit libe und mit dem lebene. Troj. Kr. 8251
beide lîp unde leben. Troj. Kr. 41158. 44446. 43008 HGA. XII,
216
den lîp verliesen und daz leben. Troj. Kr. 43759
beide ir lîp unde ir leben. Troj. Kr. 44347
mîn lîp und mîn leben. Lichtenstein 136, 14
die wîle ich lîp und leben hân. Lichtenstein 17, 20. 143, 24.
437, 26
ir lîp und ouch ir leben. Lichtenstein 631, 18 u. 30
lîp unde leben. Lobgesang 81, 7
guot, lîp unde leben. Dietrichs Ahnen 4002

ir lîp und ir leben. Dietrich's Ahnen 8115

mînem lîbe und ouch mînem leben. Oswald 846

dînen lîp und ouch daz leben dîn. Oswald 855

beidiu lîp unde leben. Oswald 944

diz ist mîn lîp und sîn leben. Martina 31, 7

lîp unde leben und gülte von ir lande. Lohengrin 5060

ê sie verlûr lîp unde leben unt sinne. Lohengrin 7290

sô müest ich bi ûch wâgen lîp unde leben. Alphart 48, 2

des wil er gein ûch wâgen sin lîp unde leben. Alphart 60, 2

wir woln bi ûch wâgen lîp unde leben. Alphart 83, 3. 86, 4

wâgt ich nit lîp und leben. Alphart 492, 2

er sollent in sînem dienste wâgen lîp unde leben. Alphart 146, 4.

421, 4

ich wel dorch den von Berne wâgen lîp und leben. Alphart 315, 2

wir woln bi dem von Berne wâgen lîp unde leben. Alphart 320, 4

dorch des willen ich mich lîbes und lebens hat erwegen. Alphart

223, 3

sele, lîp und leben. Kistener 300

des lîbes und des lebetagen. Pantaleon 925

lîp unde lider. Pantaleon 402

an lîbe und an geliune. Troj. Kr. 33757.

Bêdiu liut unde lant. Nibel. 55, 4

liute unde lant. Nibel. 109, 3. 393, 2. Gudrun 1622, 2

von liute unt vou lande. Tristan 319, 5. 331, 2

künec und hof, liut unde lant. Tristan 409, 38

liute und lande ist wol erkant. Tristan 415, 28

bcide liut unde lant. Tristan 335, 22

wider liut und wider lant. Tristan 421, 27

man unde kint, liute unde lant. Troj. Kr. 22962

lîp unde guot, liut unde lant. Troj. Kr. 24473

daz beide liute unde lant. Troj. Kr. 49591

an liuten und an landen. Troj. Kr. 19065

an liuten unde an lande. Troj. Kr. 19299

beidiu liute und ouch daz lant. Walther W. 15, 4

liute und lant. Walther W. 74, 17

dur liute nóch dur lant. Singenberg 214, 8

ir diende lût unde lant. Eneit 26, 9

lûte unde lant. Eneit 31, 4

beidiu lûte unde lant. Eneit 116, 38

liutes unde landes. Milstäter HS. 86, 14

und nement liut unde lant. Martina 30, 68

dô bôt im liut unde lant. Biterolf 13237

beidiu liut unde lant. Lanzelet 1246. Nibel. 24, 4. Sentlinger 172
B. 3

guot, liut unde lant. Schwanritter 347

ir lip, ir liute unde ir lant. Wigalois 241, 13

er verderbet liut und lant. Wolfdietr. 41, 3.

er neiset liute unde lant. Helbling V, 43

sie gap im liute unde lant. Kaiserchronik M. 17501.

er nam im liute unde lant. Kaiserchronik M. 13864

si gap mir liute unde lant. Parz. 90, 24

ich liez ir liute unde lant. Parz. 97, 4

lip, liute unde lant. Krone 25602

— liute unde lant

des habent si sich getroestet. Gudrun 562, 1

bêdiu liute unde lant. Servatius 1017

beide lûte unde lant. Pass. H. 39, 46

daz er mir âne schulde verwöstet lüde und lant. Alphart 84, 3

der lute und lant hette undertan. Kistener 74

ir lehen luten und lant. Kistener 110

lute und lant sol an dir stan. Kistener 633

ir liute und ir friez lant. Meleranz 8029

beide liute und ouch sîn lant. Rosengarten 664

si sprâchen lût unde lant. Rol. 14, 6

wir virlisin liut und lant. Rol. 14, 20

Ûwer lob und ûwern lib. Eneit 343, 31

Sine lüge und sîne lâge. Tristan 358, 28.

Dem er lunggen unde leber. Martina 181, 42

Geluste und gelange. Tristan 446, 13

so geluste unde gelange. Tristan 447, 6

Beidiu mâge unde man. Nibel. 164, 4. Rabenschlacht 182

bêdiu mâg und man. Rabenschlacht 182. 275

mit mâgen und mit man. Rabenschlacht 276

mâge unde man. Nibel. 217, 1. Alphart 408, 4. Dietrich's Ahnen
9780. Rabenschlacht 535

mit mâgen unde man. Nibel. 263, 3

måge unt mine man. Nibel. 274, 1. 486, 2

måge unt manne. Nibel. 2081, 2

mâgen unde man. Nibel. 2091, 1

diner måge und manne. Gudrun 817, 2

mâc unde man. Gudrun 894, 1

ir måge und ir man. Gudrun 1158, 2

ir måge und mine man. Gudrun 1452, 1

sin måge und sine man. Gudrun 1675, 1

ir béder måge unde man. Klage 431

ir måge und ouch ir man. Biterolf 7828

beide måge unde man. Arm. Heinrich 1464

sine måge und sine man. Eneit 130, 3

mine måge und mine man. Eneit 150, 30

herslagent ir måg unt man. Rosengarten 1766

dò rieten måge und man. Dietrichs Ahnen 8167

ez sprâchen måge und man. Dietrichs Ahnen 8359

beide friunt, mâc unde man. Troj. Kr. 45287

der küngin måge und ir man. Meleranz 8306

beidiu nâch mâgen und nâch man. Meleranz 8546

ir måge unt ir werden man. Garel [1]

vater, muoter, måge, man. Tristan 100, 33

sò manec måge unde man. Lohengrin 1604

der keiser, die vürsten, måge unt man alsam. Lohengrin 2525

daz sie besande måge unt man. Lohengrin 1101

er sprach: „nů bit ich måge unt man. Lohengrin 5281

Magt unde muoter. Walther W. 2, 11

diu maget und muoter was. Walther W. 2, 16

Ich din gemahel unde mâc. Martina 77, 104

Sine man, sine måge. Parz. 53, 20

man und måge sult ir manen. Parz. 205, 3

manne unde mage. Eneit 129, 13

sine man und sine måge. Walther und Hildegund 16, 2 [2]

man unde march. Biterolf 10391

Vil manegen maidem unde marc. Dietrich's Ahnen 5915

---

[1] Germania VIII, 91

[2] H. Zeitschr. II, 222.

Mein und auch den mort. Dietrich's Ausfahrt 115, 7
vol meines unde mordes. Martina 91, 91
gebrûwe mein unde mort. Martina 270, 28
mein unde mort. Colm. 22, 55. Troj. Kr. 12929. 12995.
Mettene noch messe. Kaiserchronik M. 10069
mit mettin und mit misse. Kaiserchronik M. 16788
ze metten und ze messe gie. Konrads Alexius 652
Noch minne noch meine. Tristan 445, 15
ir minne unde ir meine. Tristan 484, 27
mîne minne und mîne meine. Tristan 488, 25
ein minne und ein gemeine. Lobgesang 37, 8
Dâ ê mort unde mein. Martina 182, 93
mort unde mein er stalte. Pantaleon 80
Daz weder mos noch muor. Wernher driu liet 184
Münch unde man. Jlsan 27.
Wan muot unde minne. Tristan 422, 26
swenn hôher muot unt manheit mit im zogte. Lohengrin 5430
Muoter unde maget. Kaiserchronik M. 9568
muoter unde meit. Dietrichs Ahnen 9888
Mariâ, muoter unde maget. Gold. Schmiede 139
himelische vrouwe, muoter unde magt. Lohengrin 7652
ir muoter unde ir mâgen. Servatius 2449
ach vater muoter unde mâc. Lobgesang 94, 9
Bî der naht und in dem nebel. Helbling I, 183 [1])
Daz sich zertranten niet und nagel. Dietrich's Ausfahrt 298, 6 [2])
Ouge noch ôre. Parz, 117. 2
Werven pharre unde phruont. Wälsch. Gast 6391
Het ir phenninge oder phant. Parz. 142, 29
ich müest hân pfenning oder pfant. Boner 35, 15
mit pfenning und mit pfande. Sentlinger 169, D. 3 [3])
Der purper und der pliât. Partonopeus 53, 12
pisse unde purpur. Rol. 91, 16
Râtes unde rede vil. Krone 25122.
Ze rede und ouch ze rehte komen Engelhart 3657

---

[1]) Vergl. RA. S. 7.
[2]) Vergl.: was niet oder nagel hât. Colm. R. 18, 5.
[3]) Vergl.: umbe gaebe pfaut oder pfennige. Müth. Stadtr. 50, 32.

leht unt gerihte. Tristan 458, 9

Und druckt in, daz im rippe unt rücke erkrachet. Lohengrin 2203

Iuwer risen und iuwer recken. Rosengarten 1541

Man brâhte den ritter und daz ros. Dietr. u. Gesellen 329

dâ vielen ritter unde ros. Troj. Kr. 39804

dâ si ritter und roch

möhten wol gewinnen doch. Wolf am Schachzabel 1629

dâ ritter und roch gewaltic stân. MSH. II, 15

Ros unde rinder. Milstäter HS. 3, 17

ros alder rint. Martina 133, 80

ir ros und ir gereite. Dietrich und Gesellen 307

von rossen und von ringen. Ortnit 474, 2

Rücke und rippe. HGA. XXVII, 342

Mit rüege und mit râte. Tristan 379, 36

Ir rûder und och ir rahen. Eneit 22, 13

Ruo und reste. Rabenschlacht 178

. Diz buoch ein sach und ein sarc. Martina 211, 80

Herr, got geb iu saelde unt sin. Helbling I, 207

dar zuo saelde unde sin. Helbling III, 137

Mit salme und mit gesange. Servatius 1097

mit salmen unde mit gesange. Servatius 1989

mit salmen unt mit sagene. Rol. 122, 11

Ûf samit unde ûf side. Eneit 341, 9

Âne sarwât unde sahs. Milstäter HS. 138, 15

Unde scade unde scande. L. Alexander 1504

schade unde schande. Dietrich's Ahnen 8378

von schaden und von schanden. Krone 22596

dem schade wone oder schande bi. Krone 1031

daz ist schade und schande. Krone 1037

min schade und min schande. Eneit 77, 31

den schaden und die schande. Eneit 152, 26

sin schade und sin schande. Eneit 303, 1

der schade noch diu schande. Gudrun 797, 4

nâch schaden und nâch schande. Gudrun 920, 2

ûf schade unde schande. Gudrun 1340, 4

dur schaden und dur schande. Eraclius 4389

den schaden unt die schande sin. Reinhart 530

ez ist uns schade und schande. HGA. XLIX, 994

ze schaden und ze schanden. Martina 159, 6

schade unde schande uns dô geschiht. Dietrich und Gesell. 466

schade, schande und ungemach. Dietrich und Gesell. 377, 2

ez ist schade und ouch schande. Biterolf 7346

des schaden zuo den schanden. Nibel 2152, 3

sus quâmen sie ze schaden unt ze schanden. Lohengrin 7340

im tet schade unde scham. Tristan 337, 32

âne schaden und âne scham. Lichtenstein 53, 25

schaden unde schulde. Gudrun 158, 3

Des dûht sie schande unde scham. Krone 10368

beidiu schande unde schaden. Krone 6174

Scharsach unde schaer. Helbling III, 78.

Beidiu schepfer und geschaft. Martina 265, 85.

Sin scherzen unde sin schal. Baldewin 8

Ir tragt geschickede unde schin Parz. 170, 21

Schilde unde schefte. Gudrun 582, 4

Schirm und schilt. Dietrich und Gesellen 57

Die senf und salsen ezzent gern. Tanhauser's Hofzucht 53

Sige und saelde. Neidhart 50, 12

got müez iu sig und saelde geben. Meleranz 8081

er gebe uns sige und sigenuft. Lohengrin 3698

Sigelât und sâmît. Kindheit Jesu 1158

Al sîne sinne und sîne site. Tristan 25, 20

Von siten und von sinnen. Eneit 108, 33

Noch slôz noch slüzzel. Tristan 426, 40

Smârâde unde sardîn. Parz. 85, 3

Des wurden sper unde sporn. Krone 11873

Peide spieze unde sper. Wernher driu liet 3092

Stab unde stecken. Wolfdietrich 322, 1

Stâl unde stein ez sneit. Laurin 462

Mit stecken und mit stangen. Boner 20, 43

Stege unde strâzen. Alphart 341, 2

Beide stein unde stock. Krone 24736

über stein unde stoc. Krone 28365

Ûf stige und ûf strâzen. Rabenschlacht 288

ûf stigen und ûf strâzen. Dietrich's Ahnen 6008. Troj. Kr. 30811

die stige und die strâze. Dietrich's Ahnen 3155

stige unde strâze. Nibel. 1634, 3

die stíge und ouch die strâze. Wolfdiet. 83, 1. 506, 4
· stíc und strâze sint im genomen. Oswald 1733 [1])
Ir verbran stil unde stâl. Krone 19222
Die stocke und ouch die steine. Pantaleon 1550
an stocken unde an steinen. Pantaleon 1612
der stocke noch der steine. Dietrich und Gesellen 417, 3
durch stock und durch stein. Dietrich und Gesellen 97, 7
hin über stock und steine. Dietrich's Ausfahrt 4, 6
durch den walt über stock und stein. Dietrich's Ausfahrt 216, 7
über stock und über stein. Tristan 66, 8. Keller Erz 475, 6
er êre stock und steine. Keller Erz. 128, 38
Er gewan sîn stôle unt sînen stap. Servatius 2334
Die strâze und ouch die steige. Wolfd. 455, 2
sus wart in strâze unt stege durchpenget. Lohengrin 2886
an den strâzin und an stege. Martina 46, 62
beide strâze unde stîc. Livl. Chr. 1449
Er was ein degen in stürmen und in striten. Rabenschlacht 234
in stürmen oder in striten. Baarlaam 244, 37. Dietrich und Gesellen
731
ze storme und ze strîte. Encit 40, 35
von sturmen noch von striten. L. Alex. 120
mit stürmen ode mit striten. Laurin 246
in stürmen und in striten. Laurin 269. Dietrich und Gesellen 82.
167. 210. 236. Dietrich's Ahnen 9095. Laurin 444. 472.
Fährmann 23 [2])
der sturm und der starke strit. Djetr. Ahnen 6492
in sturmen oder in striten. Dietr. Ahnen 6711. 7584
mit sturm und mit strite. Dietr. Ahnen 8855
von sturmen und von striten. Dietr. Ahnen 9175. Rabenschlacht 465
in sturmen noch in striten. Dietr. Ahnen 9644
hern was in storm noch in strit. Encit 206, 30
in stormen und in striten. Eneit 218, 17. 257, 21. Alphart 221, 4.
225, 4
in sturmen und in striten. Martina 162, 20. Rabenschlacht 249
swaz ich ze stürmen quam oder in striten. Lohengrin 523

[1]) Vergl. stîg unde weg sint in benomen. Walther W. 9, 5.
[2]) Rosengarten ed. Grimm. S. 90.

in stürmen unde in striten. Gudrun 725, 3. 730, 4
in dem storme oder in dem stride. Alphart 33, 3
in stürmen und in streiten. Dietrich's Ausfahrt 456, 8
umb stürmen und umb streiten. Dietrich's Ausfahrt 32, 3
zu sturmen noch zu striten. Hugdietrich 21, 2
in sturm und in striten. Rabenschlacht 550
in sturmen und in storien. Dietrich und Gesellen 396, 10
von sturm und steigen wol behût. Dietrich's Ausfahrt 418, 2
Der suhte unde der sere. Kaiserchr. M. 12647
von suhten unde von sunden. Kaiserchr. M. 10578
Für sukní und für surkôt. Parz. 145, 11
Tage unde teidinch. Milstäter HS. 138, 10
Du min tohtir unde tûbe. Martina 77, 89
Nû was verslozzen tor und tür. Oswald 2473
Mit trahte und mit triure. Tristan 396, 35
ir triure unde ir trahte. Tristan 306, 4
in triure unde in trahte. Tristan 396, 39
Beidiu tür und ouch tor. Oswald 2503
tür unt tor wart ûfgetân. Urstende 118, 92
Mit turnei und mit tanze. Martina 58, 79
nicht ze turney noch ze tyosten. Lohengrin 1163
Mit gewâfen unde mit gewande. Eneit 174, 27
wâfen unde wât. Gudrun 252, 1
mit gewaefen und mit wenden. Stricker's Karl 9637
In gewalt und in gewer. MSH. I, 208 a
beid in gewalte und in gewer. Schwanritter 335
ir gewalt und och ir wort. Martina
Durch walt und durch gewilde. HGA. XVI, 766
Wân unde wunsch. Walther W. 139, 5
lieben wân und leiden wane. Lichtenstein 421, 28
Wang unde wât. Tristan 107, 26
Durch wâpen und gewilde. Dietrich's Ausfahrt 162, 6
wâpen unde wât. Biterolf 7375
Beide ûf wazzer und ûf wegen. Mai 203, 2
dem wazzer und dem winde. Troj. Kr. 24094
von wazzer und von winde. Troj. Kr. 24259
an wazzer unde an winden. Tristan 63, 14
gienc daz wazzer und der wall. Meleranz 5057

ich waene wazzer unde walt. Hartmann's Büchlein I, 1831
wazzere unde welde. Jeroschin 6, 28
wederz wazzer noch den win. Klage 3403
ze wazzir und ze wine. Martina 128, 29
wazzer unde weide. Mülh. Str. 37
Frömder sinne wege uud wenke. Martina 267, 30
wec unt gewicke. Rol. 161, 1
Weide und wunne beide. Tristan 421, 1
hie ist weid und waldes vil. Biterolf 13305
Weisin unti widewin. Anno 35, 9
Weizes unde wines. Milstäter HS. 52, 9
daz sie zeren weiz unde win. Helbling IV, 98
sparn ir weiz und ir win. Helbling IV, 736
win weiz unde korn. Helbling VI, 15
hie den weizen, dort den win. Sentlinger 173 B 3
Ze welde und ouch ze walde. Dietrich und Gesellen 739
in welden unde in wüesten. Pantaleon 97
Ze werken und ze worden. Eneit 341, 3
beidiu were unde wort. Krone 23081
guot wille ziert werk unde wort. Boner 45, 41
von herzen were unde wort. Barlaam 81, 23
mit werken und mit worten. Troj. Kr. 25063. 29681. 29833
mit werchen noch mit worten. Milstäter HS. 80, 9
du kanst uns leisten werk und wort. Fuchs und Rabe [1]
beidewise were unde wort. Betevart 11.
mit werken und mit willen. Martina 269, 75
âne were und âne wer. Troj. Kr. 34965
Weter unde wint. Eneit 29, 24
Sunder wich und âne wân. MSF 60, 3
In wilden und och ûf welden wil. Dietrich und Gesellen 401, 9
Mit willen und mit werken. Eneit 181, 21
beide ir wille unde ir wort. Tristan 133, 6
ir willen und och ir wort. Martina 261, 54
ein staeter wille und ein gewalt. Lobgesang 37, 9
Daz wilt und daz gewürme. Walther W. 9, 18

[1] Reinhart S. 361.

wiltbraet unde wîn. Helbling I, 906
Der wîn und diu wâfen. Eneit 181, 30
Der wint und der wâc. Dietrich's Ahnen 1402
wint und wâc begunde. Tristan 63, 22
Mit wirde und mit wârheit. W. Willehalm 4, 11
Habe ime wîs unde wort. Walther W. 116, 4
mit guoter schrift, wîs unde wort. Lichtenstein 321, 24
wisheit oder witze. Dietrich und Gesellen 51
Witewen unde weisen. Kaiserchronik M. 10282. Eneit 351, 37.
                                              Servatius 2409
witewen unde weisen sol er sîn gereht. Lohengrin 6559
witwen unt weisen er twanc. Servatius 3392
des witwe unde weise. Martina 181, 34
witwen unde weisen. Dietrich und Gesellen 548
manic witewe unde weise. Eraclius 4980
derst witewe unde weise. Lobgesang 32, 10
Sîn witze und sîn wârheit. Eraclius 1583
Wolle werc und âkamp. Helbling I, 659
An worden unde an werken. Eneit 350, 24
an worten unde an werken niht. Walther W. 7, 2
mit worten und mit werken ouch. Walther W. 20, 12
mit worten ald mit werken. Walther W. 45, 9
Dô was ir wort, ir werc sô minneneclîch. Singenberg 240, 11
und wort und werk gelîche sind. Boner 43, 103
an worten unde an wîsen. Tristan 120, 30
wort unde wîse tihten. Troj. Kr. 81
wort und alle wîse. Dietrich und Gesellen 584
Da was wûft unde wê. Rol. 115, 6
Und wüeste unde wilde. Tristan 421, 10
in die wüeste und in die wilde. Tristan 321, 15
Ein wunder unde ein wunne. Tristan 277, 10
Mîn wünne und ouch mîn gerender wân. MSF 60, 3
Ze wunsche unt ze wunder. Tristan 125, 28
Die würze und der walt. W. Willehalm 37, 5
Sunder zins und âne zol. Pass. H. 40, 58
wem er widerreiten solt zins oder zol. Lohengrin 7269
welt ir von mir zol oder zins. Troj. Kr. 34446.

Adjectivische Alliteration. (Grimm RA. S. 10.)

Bis nicht ze balde und bis ouch nicht ze blide. Labers 72, 5

Daz beste und daz boeste under in. Eraclius 703

die besten noch die boesten. Klage 2432

und der beste der boeste. Iwein 145

ê was ich diu beste, nû hât man mich zer boesten. Gudrun 1263, 3

diu beste noch diu boeste. Gudrun 1264, 1. — 1631. 2

die besten mit den boesten. Klage 3845

Den blanken und den brûnen. Troj. Kr. 16550

Die bliden zuo den balden. Rabenschlacht 110

Oder bloede oder balt. Parz. 93, 16

niht zu bloede und niht zu balt. j. Titurel 1692, 3

Mâze blûc, mâze balt. Gute Frau 170

Diu boeste noch diu beste. Krone 5720

der boeste ist dir der beste. Iwein 144

der boesten unt der besten. Parz. 375, 7

Brûn unde blâ. HGA. VIII, 240

Ein swert brûn unde breit. Eraclius 1193

brûn unde rehte breit. Eraclius 3597

der zobel was brûn unde breit. Eneit 147, 12

ir ouchbrân brûn und niht breit. Eneit 146, 13

brûn unde blanc. Troj. Kr. 34245

Die dicke und ie gedihte. Tristan 328, 16

Valwir ode veher. Milstäter HS. 59, 19

Vil fier unde frô. MSF 122, 15

Der jungeline vrech und vrome. Troj. Kr. 13868

vrech unde vruot. Tristan 18, 3

der jungeline vrech unde fruot. Troj. Kr. 17241

sô vrechen noch sô vrien helt. Troj. Kr. 6709

sie wâren frech vnd fri. Keller Frz. 478, 13

und alsô frech und alsô frisch. Engelhart 2408

Vremde und verre. Tristan 459, 7

vremde und alsô verre bist. Lichtenstein 142, 16

Vri unde vroelich. Tristan 396, 20

vri unde vruot. Tristan 329, 14

vrilich unde frô. Troj. Kr. 8939

Dem junkherren vrisch und vruot. HGA. XV, 315

er wolt wesen frisch und fruot. LS. CCXLIII, 84

Vrô unde vruot. Tristan 232, 19. — 338, 23

sie ist vroelich unde vrum. HGA. LXVIII, 338

Beidiu frœje unde frô. Flore 3648

Gnôt und gar. Boner 23, 34. — 51, 27

Grimme unde grôz. Eneit 325, 39

Grôz unde grâ. Eneit 85, 2

Heiter unde hel. Neidhart XLIX, 32

Hôch und wol gehêret was. Parz. 182, 12

der hoehste und der hêrste. Barlaam 192, 22

der hôhste und der hêrste. Martina 210, 42

die hôhsten und die hêrsten. J. Titurel 2367, 1

Ir hâr war crispel unde krûs. Troj. Kr. 19908

Den küenen und den kecken. Rabenschlacht 629

die küenen und die kecken. Rabenschlacht 641

Leit und liep im dran geschah. Parz. 103, 20

leit oder lieb. Pass. II. 334, 37

ist iz mir leit oder liep. Kaiserchr. M. 12997

die durch leide noch durch liebe. Kaiserchr. M. 8610

leit und liep siu in hertzen truog. Dietr. und Gesellen 195

so hôrent leide und liebe mer. Kistener 1081

Ist ez iemen liep oder leit. Nibel. 110, 2

jâ truog er in dem muote lieb âne leit. Nibel. 293, 2

beide lieb unde leit. Nibel. 670, 4

— die liep unde leit

gerne mit uns dulden. Gudrun 408, 2

— obe ein ritter tuot

mit liebe und ouch mit leide daz man ûf êre prîse Gudr. 636, 3

daz was ir beide liep unde leide. Gudrun 644, 4

— ez liep oder leit

sîner muoter waere. Gudrun 1025, 1

mir ist inneclîche liep unde leit. Gudrun 1208, 2

in was ir beider maere liep unde leit. Gudrun 1251, 2

wie si mit dir getragen hât liep unde leit. Gudrun 1586, 2

minnert liep unde leit. Warnung 1421

waz im sî liep oder leit. Warnung 672

ez sî iu liep oder leit. Warnung 746

ein liebe und eine leide. Tristan 489, 7

nàch liebe unt nàch leide. Tristan 439, 25

von liebe und ouch von leide. Tristan 34, 16. Troj. Kr. 22869

lieb unde leit. Walther W. 6, 17

dà bî liep und leit. Walther W. 122, 7

ich muoz lieben unde leiden

leiden tröst von schulden geben. Singenberg 236, 6

mir ist liebe, mir ist leide. Seven 265, 17

liep oder leit. Oswald 1475

ez wêr im liep oder leit. Orendel 1749

iz si iu liep odir leit. Kaiserchronik M. 10509

iz si dir liep odir leit. Kaiserchronik M. 9109

der liebe noch der leide. Stricker's Karl 11944

die lieben und die leiden. Dietrich's Ahnen 8988

ir kurzez liep, ir langez leit. Barlaam 131, 19

ez si dir liep, ez si dir leit. Lichtenstein 310, 9

ez si dir lieb oder leit. Livl. Chr. 6578

von liebe und von leide. Parz. 3, 30

ez waere ir liep oder leit. Parz. 23, 27

ez waer im liep oder leit. Parz. 38, 30. Laurin 1050

ez si uns lieb oder leit. Eneit 117, 3

ez wâre im lieb oder leit. Eneit 334, 20

ez waere in liep oder leit. Alte Mutter 91. Livl. Chr. 4182. Eracl.

2317. 3567

ob in lieb oder leit geschach. Biterolf 7946

den lieben noch den leiden. Mai 155, 27.

vor liebe und vor leide. Mai 182, 38

ir sehet lieb unde leit. Livl. Chr. 4689

dem keiser ez was lieb unde leit. Kaiserchr. M. 17559

ez was ir liep unde leit. Eraclius 1910

liep unde leide. Eraclius 3611

dem gît si liep unde leit. Gute Frau 112

ze liebe und ze leide. Gute Frau 308.

daz er nàch liebe hete leit. Gute Frau 1269

liebe unde leide. Gute Frau 1342

niemanne ze liebe noch ze leide. Reinhart 1626

iemen ze liebe ode ze leide. Reinhart 1644

ez si dem wilden heiden liep ode leit. Oswald 1475

ich müeste von ir, ez waer ir liep oder leit. Lohengrin 7089

sag ich durch liep oder durch leit. Helbling II, 44
herre, durch liep noch durch leit. Helbling II, 1079
iz si im liep oder leit. Helbling IV, 288
ez si liep oder leit. Meleranz 6482
ez si iu liep oder leit. Meleranz 8526
von liebe und von leide. Küstener 700
lieb unde lobehaft. Rol. 5, 34
Lieht unde lût. Lobgesang 62, 3. 82, 13
An lôsen und an lieben. Krone 10902
Zwên helde manlich unde milt. Helbling XIII, 73
sit manlich und wol gemuot. Parz. 172, 7
Den mêren und den minren. Martina 30, 7
daz mêre zuo dem minder. Martina 128, 12
dem minnern und dem mêren. Eneit 120. 21
minder unde merren. Martina 172, 102
die minren und die merren. Meleranz 9014. Dietr. u. Gesellen 932
die minren und ouch die merren. Dietrich u. Gesellen 992. 1030.
                                                              1096
den minnern und den merren. Dietrich u. Gesellen 1060
die minnern und die mêren. Lohengrin 6736
minre oder mêr. Nibel. 527, 2
dem minsten und dem meisten. Krone 25977
die minsten zuo den meisten. Martina 80, 80. 282, 14
daz minnest unt daz meiste. Eraclius 121
Was ninder mosec noch murc. W. Willehalm 23, 5
Rûch unde rôt. Milstäter HS. 46, 9
Daz ist schad und schemelich. Biterolf 8332
Siechen joch gesunden. Milstäter HS. 152, 10
nu sieche, nu gesunde. Martina 136, 61. 259, 29
der sieche und der gesunde. Martina 263, 29
beide siechen und gesunden. Martina 244, 14
der sieche unt der gesunde. Parz. 17, 16
die siechen und die swachen. Pantaleon 2058
Sinnec unde saelec. Tristan 260, 14
der wart sinnic unt gesunt. Servatius 2290
sinnic unt gesunt er wart. Servatius 3174
Die starken und die staeten. Rabenschlacht 86
Gesunt oder siech. Milstäter HS. 133, 10. Martina 133, 99

gesunder unde siecher. Ortnit 479, 4
Er si eht suoze oder sûr. Martina 203, 13
dem ist sûr und süeze kunt. MSII. I, 260ᵃ
daz sûre nâch dem süezen. MSH. I, 285ᵃ
Bêdiu erwelket unde weich. Warnung 2418
Ir sit sô wise und sô gewaer. Helbling VIII, 76
wise unde wârhaft. Eraclius 1613
waerestu witzec unde wis. Eraclius 4980
Geworht und sô wehe. Martina 44, 8.

Ich lasse hier gleich ein Verzeichniss jener adverbialen Allite-
rationen folgen, welche, beinahe sprichwörtlich geworden, oft
wiederkehren und unter den Adjectiven nicht vorgeführt sind.

Dan unt dar. Lichtenstein 103, 18
Dem bette dar oder dan. Tristan 380, 35
der roup dar und dannen zert. Freidank 150, 1
beidiu dar unde dan. Rabenschlacht 449, 1
dar unde dannen. Eraclius 4281
dar unde dan. Parz. 21, 16
Her und ouch hin. Pass. H. 309, 91
nu her nu hin. Martina 292, 45
daz sie her unt hin. Lohengrin 4984
und treip si her unde hin. Wolf an dem Wagen 1663
der sin spuon in her unde hin. Tristan 143, 12
dô liefen her und hin. Laurin 2752
Hin unde her. Lichtenstein 90, 27. Pantaleon 1546
in den gazzen hin unt her. Lichtenstein 189, 23
dâ ûf dem velde hin unt her. Lichtenstein 491, 10
der sô hin und der ander her. Lichtenstein 502, 9
var beidiu hin und her. Martina 239, 76
der eine hin der ander her. Oswald 2410
Witich sluog hin unde her. Dietrich u. Gesellen 1039
sus war der strit sich hin unt her. Lohengrin 4891
dirre hinne jener her. Eraclius 4762
den hin den her. Lohengrin 5183
mit schirmen vor im hin und her. Meleranz 6053
sine mohte hin noch har. Reinhart 1171
mit slahen hin und her. Laurin 2669

(Zingerle.)   **4** vor ir orsen hin und her. Rabenschlacht 242

hin unde her vast umbe. Rabenschlacht 431

hin unde her durch bejac. Livl. Chr. 4250

dô si gesuochten hin unt her. Servatius 1889

wie siez wâgen hin unt her. Helbling IV, 688

Samet unde sunder. Tristan 409, 21

samt unde sunder. Tristan 330, 30

Einer sus einer sô. Martina 277, 9

dirre ist sus und der ist sô. Seven 265, 4

sust unde sô. Lichtenstein 647, 14. 648, 23

sus unde sô. Lichtenstein 90, 27. 484, 18. 513, 15. 517, 7.

    533, 1. 582, 21. 434, 14. 442, 26. 470, 15. 476, 23.

der sus, der sô. Lichtenstein 117, 4

weder sus noch sô. Lichtenstein 144, 19

sus unde sô, hin unde her. Lichtenstein 177, 24.

nie die nôt sus noch sô. Helbling I, 25

nu sus nu sô. Lobgesang 26, 7.

sus und sô mit manger hande sachen. Neidhart 72, 22

Dort oben unt hie unden. Dietrich u. Gesellen 123, 23

durfrühtic obe und under. Lobgesang 65, 14

unden unde obne. Rol. 57, 18

Beid ûzen unde och innen. Singenberg 211, 1

geblüemet ûz und inne. Lobgesang 84, 8

die wâren ûze und inne. Troj. Kr. 19604

innen hol und ûzen hart. Lanzelet 7127

baidiu ûzen unt innen. Rol. 156, 9

si wâren ûzen unt innen. Rol. 171, 17

Ir seht mich ûf und abe tragen. Bîhte 98

In was wol und niht ze wê. Parz. 203, 11

weder wol noch wê. Walther 129, 6

ob im sî wol oder wê. Meleranz 1772

im was wol unde wê. Eraclius 3610

wol und wê si beidiu tuot. Lichtenstein 435, 11

ob der wol oder wê si. Parz. 223, 20.

Pronominale Alliteration.

Ez waere dirre oder der. Eraclius 4315. Tristan 54, 40

wie dirre und der. Singenberg 211. 11

só spraeche diser unde der. Helbling VII, 804

ez bringet dirre unde der. Meleranz 4416

beide disem und dem. Garel [1])

beidiu dizze unde daz. Milstäter HS. 144, 15

und redeten diz unde daz. Tristan 293, 30

Verbale Alliteration (Grimm RA. S. 11).

Lieb armet unde altet. Tristan 328, 29

Mit paden und mit pinden. Hugdietrich 151, 4

Gebalsmet lüge, gebismet lüge. MSH. II, 207[b]

Beizen, birsen unde jagen. Gute Frau 189

Und ez bezzer unde büeze. Tristan 373, 26

bezzern unde büezen. Tristan 132, 36

Der birset unde beizet. Barlaam 255, 36

dis birsen und jens beizen. MSH. II, 388[a]

birsen, beizen unde jagen. Lanzelet 290

sie birsent unde beizent. Martina 127, 15

Biten und gebieten. Arm. Heinr. 1459

der künic sine geste bat und in gebót. Gudrun 330, 1

si bat und ouch gebót. Gudrun 1607, 1

dà bî sie bat und gebót. Krone 18017

dar zuo er bat unde gebót. Krone 27693

her Dietrich bat und gebót. Biterolf 9549

als er gebat und ouch gebót. Tristan 385, 1

der känic dò die sinen pat und ouch gepót. Wolfdietrich 169, 3

Josében er bat unde gebót. Milstäter HS. 99, 25

Ezel bat unt gebót. Klage 3968

sol gebieten und niht biten. Garel [2])

er gebót unde bat. Milstäter HS. 53, 4

daz kint gebót unde bat. Kaiserchronik M. 17768

swaz sie gebute oder bete. Herbort 11247

als er gebot und bat. Herbort 11309

si gebuten unde bàten. Lanzelet 8824

als si gebót unde bat. Gregor 2008

jà gebót er unde bater. Arm. Heinr. 641

[1]) Germania VIII, 94.

[2]) Germania VIII, 93.

diu gebôt unde bat. Strickers Karl 10367

der keiser bôt unde bat. Strickers Karl 11886

swaz er gebôt oder bat. Parz. 39, 8

er gebôt unde bat. Krone 24977

der wirt gebôt unde bat. Krone 29444

der künic gebôt unde bat. Troj. Kr. 42198

gebôt und bat genôte. Tristan 444, 39

swaz her gebôt unde bat. Eneit 157, 3

beidiu gebôt unde bat. Eneit 189, 9

her gebôt unde bat. Eneit 191, 34

swaz min vrowe gebôt und wes si bat. Lichtenstein 396, 18

wand ez ane gebôt unde bat. Elmendorf 11

geboten und gebannen. Troj. Kr. 16209

Brasteln unde brachen. Krone 27401

Heiz brechen ond brennen. Rol. 32, 7

wir sul brechen unde brennen. Strickers Karl 1606 [1])

Alsô bringet unde birt. Troj. Kr. 13044

Nu briuwen unde bringen, Troj. Kr. 26661

Ze vâhen und ze vellen. Krone 3000

dâ von gevangen und gevalt. Krone 3322

vervâhet noch vervangen. Barlaam 335, 14

gevangen und gevuoret. Biterolf 8970

Sie vastent unde virent. Milstäter HS. 120, 14

mit vasten unde mit venien. Kaiserchr. M. 10099

Vehten oder vliehen. Kaiserchr. M. 13743

Nu veigen unde vellen. Troj. Kr. 18768

gevellet unde geveiget. Tristan 43, 31. Silvester 4630. Troj. Kr.
27006. 32674. Pantal. 1500

Erfiuhtet unde erfrischet. Troj. Kr. 16226

Ich kan vliegen unde vliezen. MSH. I, 209*

er tuot uns vliegend unde vliezend undertân. Singenberg 218, 2

dar nâch swaz fliege fliez unt trabe. Lobgesang 57, 12

fliuget oder fliuzet. W. Titurel 65, 4

Fliehen oder vallen. Rosengarten 1594

Ez flieze oder fliege. Parz. 293, 4

---

[1]) daz er mit dem tiuvel iemer brennen unde brâten muoz. Berthold 23, 18.

daz ie geflôz und ie geflouc. Troj. Kr. 19059
si fliuzet fliuget unde gât. Lobgesang 65, 9
waz fleusset unde fleuget. Dietrich's Ausfahrt 354, 8
Ez forschet unde frâget vil. Troj. Kr. 13868
Ich wil si vriden unt vristen. Strickers Karl 3907
Vurhten unde vlêhen. Kaiserchr. M. 11356
Er hiez gelden unde geben. Kaiserchr. M. 16541
man gelte dann und gebe wider. Freidank 150, 12
gilt und gip wider. Liedersaal CCXXXI, 83
Begie oder begunde. Dietrich's Ahnen 2647
Habe unde behalde. Eneit 152, 7
Behiuten unde behâren. Neidhart 32, 26
Kallende unde kôsende. Tristan 483, 9
Vil wol erkande man unde erkôs. Eneit 238, 40
Mit dem sô kêrte er unde kam. Konrad's Alexius 246
S ikuolet unde kaltet. Tristan 328, 30
Daz lâget unde lûzet. Troj. Kr. 24701
In gelanget unde geluste. Tristan 441, 37
Er lernde unde lêrte. Eraclius 5036
Sach liuhten unde lachen. Troj. Kr. 26367
Der gelobet unt geleistet was. Eraclius 811
Meinent unde minnent. Lichtenstein 637, 31
· wil meinen unde minnen. Troj. Kr. 27394
er meinte und minnte reiniu wîp. Troj. Kr. 40813
Sie minnete unde meind in. Tristan 484, 37
si minnet unde meinet in. Troj. Kr. 17034
geminnet und gemeinet. Troj. Kr. 11345
minnen unde meinen. Lichtenstein 643, 6. 631, 25. Wernher
driu liet 4165

Ir phnehen und ir phnurren. Servatius 168
Geret und gerâten. Krone 25128
Zuo riten unde randen. Partonopeus 48, 17
geriten unt geraut. Fährmann 11 ¹)
Sagen unde singen. Tristan 533, 5. Erec 2153
gesagen ode gesingen. Milstäter HS. 131, 31

---

¹) Rosengarten. S. 88.

ach herz sage und singe. Keller Erzähl. 126, 27

mit sagen und mit singen. Ring 1, 19

si seite unde sane. Martina 170, 9

seit und sunge. Rosengarten 532

si horten sagen und singen. Rol. 21, 12

Sie schallent und scheltent reine frouwen. Walther W. 20, 18

Geschalten noch geschiffen. Troj. Kr. 24281

Ungeschalt und ungeschaffen. Martina 199, 44

Schenken unt schaffen. Nibel. 417, 1

Schiezen unti schirmin. Anno 9, 5

Schirmen unde schiezen. Gudrun 3, 3

Zerschlten und zerschröten. Pantaleon 2121

Singen unde sagen. Nibel. 21, 3, Alphart 254, 4

beide singen unde sagen. Colm. 104, 35

waz man singet oder seit. Boner Anf. 8

swâ manz hoeret singen oder sagen. Oswald 952. 2154

waz man singet oder saget. Dietr. u. Gesellen 590

siu kunnent singen unde sagen. Dietrich u. Gesellen 1031

dâ von wir hoeren beide singen unde sagen. Walther W. 77, 9

daz müezen ander liute singen unde sagen. Walther W. 137, 14

man hoeret singen unde sagen. Walther W. 162, 21`

ich sol singen unde sagen. Walther W. 174, 5

Des êre singe ich unde sage. MSF. 150, 3

und swaz man singet oder seit. Pyramus 377

daz si ez singent unde sagent. Lichtenstein 647, 9

iur lop er singet unde saget. Lichtenstein 647, 19

man hört mich singen unde sagen. Lichtenstein 416, 22

der sol singen unde sagen. Lichtenstein 561, 22

ob ich gesungen und geseit. Lichtenstein 592, 9

dô huop sich singen unde sagen. HGA. LI, 238

ein hôhez singen unde sagen. Wartburgkrieg S. I, 681

ich sunge ich sagete. Singenberg 242, 7

dû hoerest singen unde sagen. Hartman B. I, 681

waz sol singen oder sagen. Singenberg 244, 5

swaz ich singe und ouch gesage. Singenberg 251, 22

swaz man dir singet oder seit. Lobgesang 26, 2

du bist gesungen und geseit. Lobgesang 70, 1

gesinget und geseit. Rosengarten 1

vil singen unde sagen. Rosengarten 1095

beidiu singen unde sagen. Laurin 1902

dâ von wolde ich singen unde sagen. Neidhart 32, 34

Beidiu geslagen und gesniten. W. Willehalm 31, 24

Dô sungelt und sanc Parz 104, 3

Verswînet und verswindet. Troj. Kr. 8877

Unde tanzeten unde trâten. L. Alexander 5906

tanzen, tjostieren Helbling XV, 56

Si trâten unde drungen. Troj. Kr. 19566

Getriben unde getragen. Eneit 137, 33

swaz man triben und tragen. Livl. Chr. 4262

Er weinte unde wuofte. Milstäter IIS. 115, 15

beidiu weinen unde wuof. Milstäter IIS. 142, 30

starke weinen unde wuofen. Krone 9212

mit weinen und mit wuoften. Rol. 63, 25

Ungeworht und ungewebin. Martina 52, 94

si worhten unde wachten. Eneit 119, 7

Wüefen unde weinen. Servatius 943

daz liut begunde wuofen unt wainen. Rol. 245, 16

sie hôrten dâ wuofen unt wainen. Rol. 250, 21

Ze wâre wünschen unde waenen. Walther W. 136, 5

Der was gewurkit noch gewebin. Martina 22, 10

Wan zitern unt zanklaffen. Servatius 2446.

Aus dieser Lese und aus der reichen Sammlung von alliterirenden Redensarten in Grimm's Rechtsalterthümern ersieht man, wie allgemein gang und gäbe solche alliterirende Verbindungen waren. Wir dürfen aber nicht glauben, dass der Gebrauch derselben im Verlaufe des dreizehnten Jahrhunderts in Abnahme begriffen war, nein, es nahm derselbe bei manchen höfischen Dichtern neuen Aufschwung durch die ihnen beliebte Tautologie. Enthalten viele der angeführten Alliterationen auch eine Wiederholung des Begriffes, so begegnet uns zuerst bei Gottfried von Strassburg das Bestreben den Begriff eines Wortes durch den gleichen oder engverwandten eines zweiten zu verstärken, kurz zwei gleichbedeutende Wörter neben einander zu stellen, wodurch nicht selten Alliterationen entstehen. Ich verweise beispielshalber nur auf folgende:

als anclîche unde als ange. Tristan 447, 5

ze anclîche unt ze ange. Tristan 459, 16

vil ancliche und vil ange. Tristan 110, 34. 329, 11
er trahte ange und ange. Tristan 51, 24
ameirende unde amûrende. Tristan 374, 36
si wurden ein und einvalt. Tristan 295, 2
bleichen unde bliehen. Tristan 360, 4
vreislîch unde vreissam. Tristan 340, 1
vroelîch unde vrô. Tristan 361, 9. 232, 18
den vluz unt die vlieze. Tristan 332, 39
vrô und sêre vröudehaft. Tristan 16, 28
überlestet unde beladen. Tristan 423, 24
sô lustic unt sô lussam. Tristan 442, 13
schade unde schedelîch. Tristan 442, 18
versigelet unde beslozzen. Tristan 447, 24
verwirret und verworren. Tristan 347, 37
zogen unde ziehen. Tristan 142, 10
ziehende unde zogende sit. Tristan 461, 28
trûrec unde trûresam. Tristan 337, 31.

Bei Konrad von Würzburg, dem gewandtesten Schüler Gott-
fried's, schiesst die Anwendung der Tautologie vollends in's Kraut
und wird zur ausgeprägten Manier. Einige zufällig herausgegriffene
Beispiele mögen dies zeigen.

sô muoz uns helfen unde fromen Troj. Kr. 18738
ich lâze iuch schouwen unde sehen. Troj. Kr. 18776
nû strichen unde kêren. Troj. Kr. 18907
gezücket und genomen. Troj. Kr. 18957
zergenget und zerstoeret. Troj. Kr. 19016
sol man behüeten und bewarn. Troj. Kr. 19055
gestrichen und gekêret. Troj. Kr. 19465
dô vuorens unde kâmen. Troj. Kr. 19486
dâ liuhten unde glesten. Troj. Kr. 19495
dur guften und dur schallen. Troj. Kr. 19499
liuhten unde erbrehen. Troj. Kr. 19504
diu dranc unde brach. Troj. Kr. 19618
geliutert und gereinet. Troj. Kr. 19624
man seite ir unde tet ir kunt
ze maere und ouch ze tiute. Troj. Kr. 19644
lachen unde smieren. Troj. Kr. 20041

si riuchet unde draehet. Troj. Kr. 20192
schier und in kurzen stunden. Troj. Kr. 20365
nû strichen unde kêren. Troj. Kr. 20543
dâ pflegen unde walten. Troj. Kr. 20545
wol bergen und vertüschen. Troj. Kr. 20608
noch verswigen noch verdagen. Troj. Kr. 21007
swie manger sprichet unde saget. Troj. Kr. 21740
itel unde wan. Troj. Kr. 22179
kôs unde sach. Troj. Kr. 22293
gestrichen und geflozzen. Troj. Kr. 22533
genennet und geheizen. Troj. Kr. 30619. 33262
zertranten und zerspielten. Troj. Kr. 33231
daz wurbens unde schuofen. Troj. Kr. 33281
geheizen und genennet. Troj. Kr 33459
gestriten und gevohten. Troj. Kr. 34089
noch beschouwet noch gesehen. Troj. Kr. 37601
sô lamen noch sô halzen. Troj. Kr. 38026

Auf jedem Blatte begegnen uns solche Tautologien. Dadurch wird die Alliteration nicht wenig gefördert, um so mehr, da der Dichter auch oft Wörter desselben Stammes an einander reiht. Ich gebe hier einige Beispiele:

Verswinet und verswindet. Troj. Kr. 8876
sô swindet unde slizet. Troj. Kr. 15698
gestrichet und gestrichen. Troj. Kr. 20298. 44024
ouch wenden unde wisen. Troj. Kr. 33064
gedrücket und gedrungen. Troj. Kr. 34041
grisgrammen unde grinen. Troj. Kr. 39033
vil werlich und niht âne wer. Troj. Kr. 43159
ligen und sult des lâgen. Troj. Kr. 43748
werlôs wirt und âne wer. Troj. Kr. 48500
dâ von si froelich unde frô. Troj. Kr. 49578
si kêrten froelich unde vrô. Troj. Kr. 24660.
genzlichen und begarwe. Engelhart 2178
genaedic unde günstic mir. Engelhart 2291
zehant ein swert blôz unde bar. Engelhart 4560
sin swert geleit blôz unde bar. Engelhart 5095
wan dô daz swert blôz unde bar. Troj. Kr. 5564

geriuschet und gerüeret. Troj. Kr. 22481
der in verslicket und verslant. Troj. Kr. 24195
entwichen unde entwenken. Troj. Kr. 25547
swachen unde swinen. Troj. Kr. 42789
dâ sweimen unde sweben. Troj. Kr. 24192
erwecket unde erwachet. Schwanritter 208
er wart erküelet unde kalt. Pantaleon 1342
zervallen und zerflecket. Pantaleon 1843

Einzelne Spuren solcher Häufungen begegnen uns auch anderwärts, z. B.:

beidiu verkiesen und verklagen. Strickers Karl 10177
und zwinken unt zwieren. MSH. I, 201 ª
unt zokken unt zükken. MSH. I, 201 ª
vroeliche unde in vröuden leben. Gerhart 2489
âne mâze und âne mez. Martina 257, 53
linck und lertz. Altschwert 217, 10

Einen bedeutenden Vorschuss gibt der Alliteration im Mittelhochdeutschen die pleonastische Wiederholung des schon im Verbo ausgedrückten Begriffes durch das ganz gleiche Substantiv[1]), welche eine viel weitere Ausdehnung hat, als im Neuhochdeutschen. Ich theile folgende Belege mit:

Ich wil die vart sô varn. Lichtenstein 158, 5
disiu künegin
vert dèswâr ein schoene vart. Lichtenstein 209, 25
ich hân sô dise vart gevarn. Lichtenstein 283, 25
sô muoz er varn durch mich ein vart. Lichtenstein 376, 23
vert er die vart. Lichtenstein 376, 32
ir müezt durch si noch varn ein vart. Lichtenstein 378, 9
die vart gefuor für wâr nie man. Lichtenstein 379, 13
daz ich die vart gern durch si var. Lichtenstein 380, 28
ich varn eine vart. Dietrich u. Gesellen 483
swer willeclichen dise vart
ist gevarn. Lohengrin 6631

---

1) Grimm, Gram. IV, 645.

der keiser vuor die betevart. Kaiserchr. M. 17863
sô der vert ein hervart. Helbling I, 884
du muezest eine vart varn. Martina 164, 62
ich hân gevaren manege vart. Parz. 366, 9
Der kleider vielen manegen val. Lichtenstein 279, 20
dô viel er ze der stunde
einen harte grôzen val. Hundes Not. 228 [1])
Wie diu erde fruhte fruhte. Martina 273, 21
Ich hân hie funden einen richen funt. Hugdietrich 165, 4
doch sô vant er einen funt. Fuchs u. Wolf 1802 [2])
dô vant er lieben funt. Parz. 700, 16
Parzivâl vant hôhen funt. Parz. 748, 4
ich hân hie jaemerlîchen funt
in iwerm schôze funden. Parz. 138, 28
jô vindet man gewinnes funt. Troj. Kr. 18398
und des seligen funt,
den ich an iuch funden hab. LS. CLXXIII, 111
die siben wîsen fundent den fund. Diocletian 5124
Ire gebe si ime gâben. Diutisca III, 106
dâ gebe wir got unsir gebe. Milstäter HS. 132, 10
ich wil die morgengâbe geben. Lanzelet 1126
si gab den spileman alsô riche gâbe. Nibel. 1531, 3
und gab in mîne gâbe. Nibel. 2218. 4
vil grôze gâbe lussam
gap er für die schulde. Servatius 2542
ir gâbe si den liuten gît. Warnung 1846
Und giengen vor dem hûse
einen vrôlîchen ganc. Kaiserchr. M. 11738
einis abindis gine her einen ganc. Anno 46, 9.
Dû has mir eine grûbe gegraben. Kaiserchr. M. 7531
Gawein im selp die gruobe gruop. Krone 12002
und hât ir dise gruobe gegraben. Krone 15280
in die selbin gruobin.
die der megde wân gegraben. Martina 56, 92
der dem andern grebt die gruoben. MSF. 22, 32

[1]) Reiuhurt. S. 299.
[2]) Reinhart. S. 357.

er hiez im in dem munster ein grap graben. Kaiserchr. M. 13837

dâ grûben grebere sîne man. L. Alexander 3392

daz man ir balde ein grap grabe. HGA. 32, 146

er gruob ein grab der frowen. Wolfd. 864, 2

als er daz grab gruop. Wolfd. 864, 3

Dir klenket manegen süezen klanc. Lobgesang 18, 12

der klanc lûte erklanc. Lichtenstein 452, 15

Diu vil guote zweier hande lachen

lachet. Lichtenstein 521, 1.

Der mir manege lâge

legt mit sîner vrâge. Helbing I, 17

Lestet ûf mich sölhen last. Parz. 219, 21

Waz er gotes gabe unt lehen lîhet. Lohengrin 740

diu lêhen sult ir lîhen. Gudrun 1612, 3

diu lêhen diu ein künic in lîhen solde. Lohengrin 6503

der diu lêhen lîhet. Lohengrin 6505

künigen vürsten iriu lêhen er verlêch. Lohengrin 6579

er lich Dieterîche die lêhen. Kaiserchr. M. 14036

lîch dû mir daz lêhen. Kaiserchr. 14024

er lêch im sîne lêhen. Kaiserchr. 16465

Liuget er, sie liegent alle mit im sîne lüge. Walther W. 31, 17

Der milte miz ein mâze nâch stacte lêre. j. Titurel 1875, 3

Ich wil iu râten einen rât. Lichtenstein 316, 21

dâ von rât ich einen rât. Lichtenstein 422, 26

ich wil hie râten einen rât. Lichtenstein 78, 27

guoten wîben râten einen rât. Lichtenstein 560, 8

darzuo vil manigen wislîchen rât

riet im diu küniginne rich. Dietrich's Ahnen 8006

É der hunt geschîzet einen scheiz. Morolf 581.

Den schuz schôz mit ellen daz Sigelinde kint. Nibel. 471, 2

Ich singe iu ze allen zîten alsô guotez sanc. Gudrun 377, 2

die vogel sungent manigen sang. Dietrich u. Gesellen 925

die juncfrowen sungen cluogen sang. Dietrich u. Gesellen 942

die megte sungen süezen sanc. Dietrich u. Gesellen 987

si sungent wunneclîch gesang. Dietrich u. Gesellen 1033

die sungent mit harpfen süezen sang. Dietrich u. Gesellen 1089

si sanc den süezesten sanc. Barlaam 140, 22

singe ich mînen sanc. MSH. II, 239ᵃ

si singent ein sanc. Karaj. 81, 5.

sungen si vil manchen sanc. Bartsch md. Ged. 35, 1194

begunde singen ein sanch lobesam. Exod. D. 163, 29

ein nûwez sanc si singen. Exod. D. 60, 13

die sungen hovische sange. Laurin 1656

unt sungen meisterlîchen sanc. Laurin 1744

diu nahtegal diu singent ûf der linden

ir süezen sanc. Neidhart 7, 15

die singent wunniclîchen

ir gesanc. Neidhart 19, 19

den kinden singe ich niuwen sanc. Neidhart 41, 39.

ich gesunge ir niuwen sanc. Neidhart 79, 31

sunge er sînen sanc. Neidhart 85, 2.

Der grâve sluoc sô manegen slac. Mai 122, 36

slach slege manege. Milstäter HS. 139, 5

und sluoc slege. Tristan 561, 38

er sluoc im einen slac. Wolfdietrich 235, 3

waz er im slege sluoc. Wolfdietrich 460, 3

er sluoc im ûf sîn houbet einen swinden slac. Wolfdietr. 375, 3

er sluog in daz gehürne ein geswinden slac. Wolfdietr. 697, 3

der sluog im alsô manigen slac. Biterolf 11266

und sluoc dâ mit einen slac. Krone 6706.

einen örslac sie ir sluoc. Krone 17844

und sluog im einen solchen slac. Krone 27077

manegen slac sie sluogen Krone 27101

grôze slege sie slûgen. Eneit 326, 6

dem hêrn Ênêê her slûch

einen slach wol ze lobene. Eneit 327, 8

sô slegt si mir slege vil. Übles Weib 149

ich sluog slag nâch slag. Übles Weib 366

si sluog ie den andern slag. Übles Weib 378

si sluog slege ungezalt. Übles Weib 420

sluog si mit dem schîte

ûf mich slege âne zal. Übles Weib 623

slahet ir mir einen slac. Strickers Karl 2607

dâ durch sluoc er mit einer hant.

einen tiefen slac unz in den sant. Strickers Karl 2857

wart mir geslagen manig slag Dietrich u. Gesellen 6, 49

ûf in sluogen wir manigen slag. Dietrich u. Gesellen 705
er sluog im slege swaere. Rabenschlacht 414
si sluogen slege swinde. Rabenschlacht 430
sluog ez einen slak. Rabenschlacht 439
ahi! die slagent slege swinde. Rabenschlacht 541
dô sluoc ouch im her Liudegast vil manigen grimmen slac. Nibel.
188, 1

— daz der helt guot
ze strîte nimmer mêre geslüege keinen slac. Nibel. 2102, 3
unt sluog im slege swinde. Nibel. 2106, 4
dô ne liez in Hagene slahen deheinen slac. Nibel. 2109, 3
er gesluoc in disen stürmen noch nie lobelîchen slac. Nibel.
2197, 4

er sluog im einen slac. Nibel. 2278, 2
und sluoc im einen baggen slac. Martina 33, 44
sluogen sie die slege dar. Dietrich's Ahnen 8811
sie sluogen tiuvellîche slege. Dietrich's Ahnen 8973
dâ wurden solhe slege geslagen. Dietrich's Ahnen 9166
dô wurden alrêst slege geslagen. Dietrich's Ahnen 9290
und sluog im einen herten slac. Dietrich's Ahnen 9523
mangen ellenthaften slac
sluog er ûf den jungen man. Meleranz 5122
Meleranz der degen klâr
sluoc dem truhsaezen ein slac. Meleranz 6146
under wîlen sô sluoc er
dem künic einen solhen slac. Meleranz 6054
er sluoc im ungesmeichet
einen alsô starken slac. Meleranz 6194
sus sluoc er nâch vindes siten
dem übeln heiden einen slac. Meleranz 8370
und sluoc dem küenen Verangôz
einen slac. Meleranz 8389
er sluoc im aber einen slac. Meleranz 8392
Libers der unverzagte man
sluoc im mangen starken slac. Meleranz 10179
er sluoc ûf ez vil manigen slac. Garel R. F 7ᵃ
er sluoc ûf ez vil manigen slac. Garel R. F 8ᵇ
er sluoc im manigen starken slac. Garel R. F 8ᵇ

ûf in dô sluog er manigen slag. Dietrich u. Gesellen 722
sluoc ez einen grôzen slac. Garel R. F. 86
ez sluoc im aber einen slac. Garel R. F. 86
dô sluoc der küene man   .
hinder sich einen slac. Laurin 2348
Der tûsent slôz vor dich slôze. Morolt 1389
Eins morgens was ein dünner snê,
iedoch sô dicke wol, gesnit. Parz. 246, 6
Spilt dâ êrenbernde spil. Lichtenstein 515, 21
sus spilten si des tôdes spil. Wigalois 58, 28. 280, 7
spiln der minne freuden spil. Lichtenstein 432, 16
und spilt mit ime daz selbe spil. Krone 18819
siu spilten mit im nîdes spil. Martina 35, 65
und unminneclich spilten
mit ir des tôdis nîtspil. Martina 186, 30
dâ under hatten siu gespilt
mit ernste des tôdis spil. Martina 233, 52
Ein sprüngel vür die tür sprinc. Helbling I, 1001
— ein sprüngel
spranc sie für die tür dar nâch. Helbling I, 1005
hôhe ez springet manegen sprunc. Lichtenstein 442, 4
vor vröuden sprang er einen sprung. Tristan 558, 3
dô sprang er sprünge wîte. Dietrich und Gesellen 169
sîn ors vil kleiner sprunge spranc. Lichtenstein 208, 23
spranc dâ mangen geilen sprunc. Neidhart 31, 38
manic oedeclicher sprunc
von in dô gesprungen wart. Neidhart 64, 35
Dô Gâwein ime den stich gestach. Krone 6409
her Kei im einen stich stach. Krone 27141
Mit schilden manic grôzer stôz
wart gestôzen dort unt hie. Lichtenstein 84, 26
dâ wart gestôzen manic stôz. Lichtenstein 88, 25
Mengen strît hât gestriten. Martina 259, 106
du muost vor striten manigen strît. Krone 13072
sô swachen strît ich nie gestreit. Parz. 685, 10
und hetten einen strît gestriten. Biterolf 2708
die striten âne zageheit
einen herten strît mit swerten. Meleranz 9574

Man swenke in lihte engegene den vil swinden
widerswanc. Walther W. 62, 9
mangen ritterlichen swanc
swanc sin ellenhaftiu hant. Lichtenstein 93, 14
Matz diu swanc ein swüngel. Helbling I, 1004
Sô swizze ich bluotigen sweiz. HGA. 22, 144
er switzit dâ den tôtsweiz. Martina 231, 38
Diu tât die si tâten. Strickers Karl 9298
vil hôhe tât
het sin lîp durch wîp getân. Lichtenstein 262, 23
der ritters tât dâ tet. Lichtenstein 66, 6
Bluotigen touwe towent. Martina 189, 79
Dar nâch er swaere trünke tranc. Parz. 132, 3
sin minne tranc dâ trenkit. Martina 48, 52
sin minnentranc si tranhte. Martina 245, 40
daz selbe trinken trunken wir. Übles Weib 43
Dâ gegen treten einen trit. Georg 1060
sô trat er fürbaz einen trit. Parz. 739, 26
ein Unger trit niht einen trit
ûz sinem ungerischen sit. Helbling I, 155
Und triuget er, sie triegent mit im sinc trüge. Walther 31, 18
Scham ist ob siten ein güebet uop. Parz. 319, 11
Got verwet varwe vil der werlte. MSH. II, 69ᵇ
Die muosten manegen wanc vor sinen siegen wenken. Gudr. 504, 2
Dâ ich gewan sô hôhen gewin. Lichtenstein 387, 8
Der würket heldes werc. Antichrist 338 [1])
er würket wunderlichiu werk. Antichrist 420
diu werc die er worhte, Eracl. 44
got würket manec werc. Gudrun 1130, 1
vart wurchet iwer werch. Milstäter HS. 132, 25
diu selben werch worhten. Milstäter HS. 136, 28
sie widerwürkent siniu werc. Walther W. 30, 15
er worht des tages wol ritters werc. Lichtenstein 90, 15
wurken Wernhartes werc. MSF. 25, 28
vil guote werc sie worhte. Kaiserchr. M. 10670
vil guote werc er worhte. Kaiserchr. M. 13088

---

[1]) H. Zeitschr. VI, 378.

sie worhten tiuflichiu werk. Rabenschlacht 611
Dâ mit er gezerret hât den schedelichen zar. Neidhart 81, 10
Ir habet ein zuc gezogen. Krone 1572.

Ausser diesen Pleonasmen in der accusativen Construction begegneten mir noch folgende ähnliche Verbindungen:

und lât der bete, der ich bite,
mich werden von iu gewert. Krone 19547
Dirre herre, der in sîn hûs
kam und einer bete bat. Krone 27920
den fursten biten einer bet. Dietrich u. Gesellen 776
ich wil iuch einer bete biten. Lichtenstein 234, 11
belîbens bete in niemen bat. Parz. 351, 15
der bet ich got von herzen bit. Lichtenstein 256, 28
einer andern bete er dô bat. Parz. 700, 25
vil wol phlegte er sîner phlege. Servatius 1935
ze helle zôch er eines zuges
vil ungetoufter geiste. Troj. Kr. 12582
diu süezen doene doenent. MSH. II, 69ᵇ
daz in diu huote behûete den muot. Lichtenstein 408, 16
diu vlüge dô ze velde vlugen. Krone 18529
an dem dâ schîne siges schîn. Krone 8915
dâ schînet boeses lônes schîn. Krone 5262
sô lac er an der lâge. Krone 2642
an sîner lâge dâ her lach. Eneit 245, 31
mîn trôst alsô getrôste. Gerhart 2379
den troum tiuten ze tiute. Troj. Kr. 41638
des loubes loubet manic walt, die bluomen blüement velt. MSH.
II, 69ᵇ

Öfters wird der im Verbum ausgedrückte Begriff durch das ganz
gleiche Adverbium verstärkt, z. B.:

Genâdet mir genaediclich. Lichtenstein 40, 22
Daz si mir sô güetlich guetet. Lichtenstein 508, 16
Sô hurtiklich gehurtet. Lichtenstein 87, 10
Daz klaget er klegelich. Helbling V, 78
dem hiez si clagen klägelich. Meleranz 4848
daz klagten si vil klägelich. Meleranz 6249
und klagten in vil klägeliche. Meleranz 6273

(Zingerle.)   5

daz klagt diu minnecliche
von herzen klägeliche. Meleranz 7295
man hôrt in klägelichen klagen. Meleranz 8430
und klagte klegelichen. Hugdietrich 551, 4
Nu lache lacheliche. Neifen 31, 7
Von den wart ritterlich geriten. Lichtenstein 182, 1
dâ wart geriten riterlich. Lichtenstein 188, 4
reit dâ ritterliche. Eneit 239, 17
Süeziu wort diu kunnen süezlîch süezen. Lichtenstein 508, 8
kan si mir mit süezen worten suoze süezen. Lichtenstein 534, 8
het wunderlich gewundert. Martina 158, 50.

Nicht selten wird dem Substantive ein Adjectiv desselben Be-
griffes beigegeben und dadurch eine Alliteration erzeugt.

in die brinnenden brende. Martina 231, 44
Si gaebe den schîn vûr blüende bluot in ouwen. Lohengrin 980
mit blüender blüete riche. MSH. II, 69 [b]
Sag ir, ich sî ir dienstman
dienstlicher dienste undertân. Parz. 199, 12
Daz er als ein glüendiu gluot. Barlaam 376, 4
er gleste als ein glüendic gluot. Parz. 81, 22
der glaste als ein glüendiu gluot. Meleranz 631. 3259. 10490
als ûz der vinster schînt ein glüende gluot. Lohengrin 1229
dâ was sîn munt rôter dan ein glüende gluot. Lohengrin 2249
Alsô klegelicher klage. Lohengrin 7247
Nû sit doch ein manlich man. Lichtenstein 366, 20
Sîn meinclîchez meinen. Lichtenstein 52, 30
Der prislich pris sô was betaget. Troj. Kr. 43353
Die schantlichen schande. Troj. Kr. 46706
Ir schôni schônheit. Martina 102, 40
ob der schônen schônheit. Martina 103, 1
Daz si mit staeter staetekeit. Troj. Kr. 46893
An werlicher wer. Troj. Kr. 42803
Daz wîpliche wîp. Parz. 10, 17
Daz wunderliche wunder. Konrad's Alex. 1195. Tristan 398, 27.
409, 22

ein wunderlîchez wunder. Tristan 17, 32
ze wunderlichem wunder. Tristan 134, 9

mit wunderlichem wunder. Martina 205, 18
wunderlichen wunder. Martina 52, 11. 81, 63. 111, 49
ein wunderlich wunder. Martina 56, 45
daz wunder alsô wunderlich. Martina 57, 50
In alsô werdem werde. Troj. Kr. 47532.

Überhaupt finden wir von den mittelhochdeutschen Dichtern
mit Vorliebe Adjectiva gewählt, die mit dem Substantiv alliteriren.
Das Weib wird sehr häufig das „werde“ genannt.

daz werde wîp. Parz. 223, 11
gein werden wîben. Lichtenstein 366, 20. 381, 4
werdes wîbes. Lichtenstein 428, 20
werder wîbe. Lichtenstein 428, 7. Troj. Kr. 30547
werdez wîp. Lichtenstein 430, 30
werde wîp. Alphart 276, 2.

Dagegen finden wir bei maget sehr oft das Adjectiv minneclich:

diu maget minnecliche. Meleranz 780
er het die minneclichen magt. Meleranz 11015
nu het diu maget minneclich. Meleranz 11026
manic maget minneclich. Meleranz 11286
daz ich die maget minneclich. Meleranz 12316
der minneclichen meide. Nibel. 2, 5.
ein minneclîche meit. Nibel. 133, 2
di minnenclîche magt. Ludw. Kreuzfahrt 6018
maget minniklich. Laurin 64.

Bei Wald, Wolf, Wurm steht meist das Attribut wilde, z. B.:

Durch den walt wilde. Lanzelet 676
durch den rûhen wilden walt. Dietrich u. Gesellen 104
in disem wilden walde. Dietrich u. Gesellen 863. 894
in einem wilden walde. MSF. 73, 13
diz ist ein wilder walt. Meleranz 1631
reht als die wilden welde. Troj. Kr. 31626
von sînem wilden walde. Barlaam 317, 32
Als zwêne wolve wilde. Troj. Kr. 27549
eins wilden wolves aeze ich ê. Freidank 23, 9
als den wilden wolven. Eneit 195, 22

Wann er den wurm wilden. Wolfdietrich 587, 1
er vor dem wilden wurme gie. Dietrich u. Gesellen 145
und tragent dem wilden wurme haz. Dietrich u. Gesellen 157
daz sach ich wilde würme nagen.   „   „   163
den frumte manig wilder wurm.   „   „   602.

In ähnlicher Weise begegnet wilde bei wâc:

dâ vliuzet ein wilder wâc. Livländ. Chronik 3959
ûf dem wilden wâge. Schwanritter 208
ich var ûf einem wilden wâge ein wîle. W. Titurel 119, 1
bald ûf des wilden wâges wege. Troj. Kr. 25774
mit bluote was der wilde wâc
geverwet und geroetet. Troj. Kr. 37894.

Das Adjectiv wît finden wir gern mit Substantiven verbunden,
die mit w anlauten:

in der werlt wîte. Servatius 119
In der werlde wîten. Eneit 354, 10. Martina 156, 95
in dirre welte wîten. Martina 97, 98
in dem wîten walde. Dietrich u. Gesellen 932
ein wunden wît. Übles Weib 325
vil manic wunde wît. Nibel. 204, 2
wir houwent noch die wunden wît. Dietrich u. Gesellen 472
sô hân ich ouch geslagen wunden wît. Dietrich u. Gesellen 867
si sluogen durch die ringe vil manege wunden wît. Gudrun 1419, 2
daz man ir wunden wît vrumte ze binden. Gudrun 1426, 2
und sluogen wunden wîte. Servatius 2047
si stâchen manige wunde wît. Laurin 2708.

Das ständige Attribut bei wunder ist wilde, wildeclich:

du bist ein wunder wilde. Gold. Schmiede 710
ez was ein wunder wildeclich. Gold. Schmiede 1128. 1266
reht als ein wunder wilde. Troj. Kr. 23076
vil manic wunder wilde. Troj. Kr. 30784
als ob ein wunder wilde. Troj. Kr. 37672
daz was ein wunder wilde. Konrad's Alex. 732
ein wunder wilde. Martina 148, 31.

Bei „sanc" und „singen" findet man meist das Attributiv „süez"

süezez singen. MSF. 37, 33

seiten unde süezen sanc. Dietrich und Gesellen 308

dîn vil süezer sanc. Walther W. 57, 15

si sanc den süezesten sanc. Barlaam 140, 22

swer dâ gehôrte ir süezen sanc. Troj. Kr. 17598

saelic si der vogelline süezer sanc. MSH. I, 42ᵇ

der ist süezer denne süezer sanc. W. Willehalm 31, 20

dâ hôrt man süezez singen. Laurin 1733

ir süezen sanc. Neidhart 7, 15

süezen sanc. Neidhart 22, 5

süezen sanges schal. Warnung 2022.

Dem „Gras" wird meist das Adjectiv grüene beigesetzt, z. B :

Dâ stuont al kurz grüene gras. Parz. 227, 10. 75, 18

kurz kleine grüene gras. Parz. 96, 14

al grüene gras. W. Willehalm 133, 2

ûf daz grüene gras. Tristan 16, 29

daz grüene gras. Ortnit 380, 2. Lohengrin 5680

ûf ein grüenez gras. Rosengarten 1720

und az daz grüene gras. Alphart 235, 2

gebettet ûf daz grüene gras. Meleranz 11208

geslagen ûf daz grüene gras. Meleranz 11250. 11729.

Mit rôse ist meist rôt verbunden z. B.:

rôsen rôt. Rosengarten 1564. 1561. 1582. Laurin 208, 327. 536
593, 616

rôten rôsen. Neidhart 64, 26

Bei Helm steht gerne das alliterirende „hart":

Durch helm vlinsherten. Nibel. 2277, 3

ûz herten helmen. Dietrich und Gesellen 52. — 98

manic herter helm. Lohengrin 2439

durch herte helme. Parz. 207, 16

herte helme. Rosengarten 1337

die liehten herten helme. Rabenschlacht 754. 781

ûf den helm herten. Rol. 144, 26

manigen helm herten. Rol. 163, 13
ûf ainen helm herten, Rol. 179, 15.

Ich lasse noch einige andere Beispiele, die dies beweisen,
folgen :

vil bluomen blâ. Lohengrin 5680
brûne blâwe bluomen. Neidhart 34, 10
ir brûne brâ. MSII. I, 13*b*
ir brâwen brûn. Fragm. XXVI*b*
die ouchbrân brûn und nich breit. Eneit 146, 13
ir brâ brûn, sleht unde smal. Wigal. 27, 11
liehtiu ougen, dâ bî brûne brâ. MSH. II, 55*b*
zwô brûne brâ. MSH. II, 65*b* und II, 264*a*
neben plankem pleie. Ortnit 15, 2
und einen vrîen fride hât. Troj. Kr. 19298
in dem starken sturme. Rabenschlacht 622
gegen disem sturm starken. Rabenschlacht 695
mit einem sturme starke. Rabenschlacht 786
starken strît. Rabenschlacht 663
mit starken strîten. Rabenschlacht 715
in dem starken strîte. Rabenschlacht 744
der sturm und der starke strît. Dietrich's Ahnen 6492
die strîtent starke stürme. Walther W. 9, 19
in starken stürmen. Gudrun 875, 3. Dietrich und Gesellen 96
eins starken stormes. Eneit 194, 4
ein starke stangen stâhclin. Meleranz 4930
mit starken stehlein stangen. Dietrich's Ansfahrt 11, 3
starken steine. Dietrich und Gesellen 622
starken streich. Dietrich und Gesellen. 868
und stiezen starke stecken drin. Parz. 205, 21
den swinden widerswanc. Walther W. 30, 7
ir drûzzel derst sô draete. Walther W. 53, 24
der helt gehiure. Meleranz 11020. Laurin 2377
wunneclîche wât. Neidhart 10, 30
ûz wûnneclîcher waete. Engelhart 5
in wunneclîcher wise. Troj Kr. 17583
wand er im holdez herze truoc. Parz. 397, 22
daz volc im holdez herze truoc. Parz. 307, 10

dem sult ir holdez herze tragen. Meleranz 12633

holdez herze tragen. Neidhart 39, 2

dâ von sî mir alsô holdez herze trüege. Neidhart 61, 37

sin blankez bein. Parz. 127, 4

mit baestînen buosten. Parz. 137, 10

ir minneclîcher munt. Parz. 151, 19

minneklîchiu maere. MSH. I, 202 *a*

der knappe kiusche. Parz 159, 17

mit langen starken lanzen. Parz 183, 13

mit wuuderlîcher wer. Parz. 226, 19

werlîchen willen. Parz. 38, 3

vil manic vcigez fuoder. Troj. Kr. 31587

der milte marcman. Rosengarten 679. 691. 855. 1008

den milten marcman. Rosengarten 920

der wîse wîgant. Laurin 1208

geiler getelinge. Neidhart 40, 32

ein geiler getelinc. Neidhart 81, 21

lôsez lunzen. Neidhart 68, 8

phellerîne phosen. Neidhart 74, 16.

Selbst bei sprichwörtlichen Vergleichungen, die uns bei mittel-
hochdeutschen Dichtern so häufig begegnen, treffen wir oft den
gleichen Anklang, z. B.:

Er was ir liep als der lîp. Eraclius 406

alsô lieb im waere der lîp. Eraclius 791

ir sît mir liep als der lîp. Eraclius 3775

diu im liep was als der lîp. Eraclius 3888

lieber dan sîn selbes lîp. Gute Frau 2102

diu was im liep als der lîp. Reinhart 840. HGA. XLVII, 2

lieb und lieber dann sîn lîp. Tristan 415, 12

diu ist mir lieber danne der lîp. Parz. 94, 6

ir werdet im liep, sam sîn lîp. HGA. XXXII. 162

dû bist mir liep alsô der lîp. HGA. XLV, 2

deu was im lieb sam der leip. HGA. B. II, 595, 8

daz sie im lieb was, sam der lcip. HGA. B. II, 631, 61

lieber dan sîn selbes lîp. Parz. 54, 22

diu im liep was sô der lîp. Warnung 2356

die habt liep sô den lîp. Warnung 2452

wan er was mir liep so der lip. Warnung 3058
Und da vor grüene als ein gras. Lanzelet 3268
er was grüene als ein gras. Lanzelet 3942
von samit grüene als ein gras. Lanzelet 4155
geworht grüene als ein gras. Lanzelet 4417
rehte grüene als ein gras. Lanzelet 4811
verre grüener danne ein gras. Lanzelet 4866
ein samit grüene alsam ein gras. Wigalois 15, 21
der eine grüene als ein gras. Wigalois 24, 10
rehte grüene alsam ein gras. Wigalois 24, 31. Meleranz 3392
ein timit grüene alsam ein gras. Wigalois 103, 2
sin bûch was grüene alsam ein gras. Wigalois 131, 34
was si grüene alsam ein gras. Wigalois 169, 12
grüene als ein gras. Wigalois 182, 3
der was grüene alsam ein gras. Gerhart 3587
grüene alsam ein gras. Nibel. 413, 3
grüener denn ein gras. Parz. 234. 4
lûter grüene als ein gras. W. Willehalm 351, 16
der sarc was grûne als ein gras. L. Alexander 8408
ein samit grûne als ein gras. Eneit 60, 12
ein prasem grûne als ein gras. Eneit 80, 4
cindâl grûne als ein gras. Eneit 200, 24
ein smarac grüene als ein gras. Meleranz 657
ein samit grüener dann ein gras. Meleranz 3379
sin schilt was grüener dann ein gras. Meleranz 3383
der boum was ouch grüen als ein gras. Meleranz 3401
ein samit grün als ein gras. Meleranz 5919
daz ein was grüen alsam ein gras. Meleranz 9791
diu wâren grüen alsam ein gras Meleranz 10003
rôt und grüen alsam ein gras Meleranz 10096
der was grün als das gras, Keller Erz. 3, 23
von samit grüen alsam ein gras. Lichtenstein 171, 18
des varw was grüen alsam ein gras. Lichtenstein 248, 26
und smarak grüen recht als ein gras. Dietrich's Ausfahrt 786
mit samant grüen recht als ein gras. Dietrich's Ausfahrt 790
grüener als ein grüene gras. Eraclius 3585
er quam nû grüener dan ein gras. Lohengrin 2461
röcke grüener als ein gras. Parz. 234, 4

Rôt als die rubîne. MSH. I, 113*a*
Winden als ain wid. Maget Krone 159*a*
er want sich dicke alsam ein wit. Parz. 25, 23
als ein wit ich mich winde. MSH. III, 468*qa*
daz er sich want als ein wurm. Pass. H. 72, 8
Wolfhart brummet als ein ber. Dietrich und Gesellen 900
der wurm laut prummet als ein per. Dietrich's Ausfahrt 626, 4
vor zorn er prummet als ein per. Dietrich's Ausfahrt 747, 1
als ein grimmer ber er bram. Herbort 2990
in sime huse si her frolich
nicht also ein bere her brimme. Ritterspiegel 1990
an der schuol brummende als ein ber. HGA. II, 199
Dâ glast si als ein spiegelglas. Wigalois 182, 8
die burc glaste als ein glas. Wigalois 206, 15
des tages glôst er als ein glas. Wigalois 26, 21
diu mûre glast alsam ein glas. Wigalois 120, 10
der glaste als ein glüendiu gluot. Meleranz 631. 3295. 10490
er gleste als ein glüendic gluot. Parz. 81, 22

Auch bei den Eigennamen bemerken wir öfters Attribute und Appositionen, aus denen die Alliteration uns entgegenklingt, z. B.:

Hilte diu vil hêre. Gudrun 810, 1
Hildeburc diu hêre. Gudrun 1066, 1
Uote diu vil edele. Gudrun 42, 4
Wate der vil wise. Gudrun 570, 2
Wate der wise. Gudrun 1131, 2. 1146, 1
Giselher der hêre. Klage 444
der hêre Hector. Eneit 191, 20
Sifrit der snelle. Nibel. 481, 1
den snellen Sifriden. Nibel. 985, 4.
Hâwart der helt starke. Klage 379
Hiltebrant der helt guot. Klage 742
Wolfhart der wigant. Klage 1797
Hildbrant dem helede maere. Klage 2244
her Dieterich der degen. Rosengarten 249
Dietleip der degen. Rosengarten 575
Dietleib ein degen guot. Rosengarten 699
Morunc der junge man. Gudrun 211, 1

Hagene der herre. Gudrun 318, 1

Hetele der herre. Gudrun 349, 3. 522, 1

Ortwîn der junge, der helt ûz Ortlant. Gudrun 716, 1

ûz Ortlande der degen Ortwîn. Gudrun 920, 1

ûz Ormanîe Ortrûn. Gudrun 1039, 1

Ortrûn von Ormanîelant. Gudrun 1478, 1

Hetele von Hegelinge lant. Gudrun 314, 1

ûz Hegelinge Hetele. Gudrun 317, 3

Hetelen von den Hegelingen. Gudrun 426, 3

Walther von dem Wasgenstein. Rosengarten 32. 235. 409.

Wide von Waschonie. Strickers Karl 1747

Walthér der wigant. Strickers Karl 1756.

Mit Ilsan alliterirt der Name des Klosters: Ilsinberg, Isenburg. (Rosengarten S. XVII.)

Überdies begegnen uns im Mittelhochdeutschen viele alliterirende Redensarten, die uns abhanden gekommen sind, einst aber der Erzeugung alliterirender Verse sehr förderlich waren. Ich verweise nur auf einige derselben:

Schermen springen schiezen den schaft. Eraclius 2666

diese schuzzen den schaft. Mai 4, 15

mit den scheften schiezen. Gudrun 813, 4

sî schuzzen starke scheste. Gudrun 1398, 2

und schiezen wol den schaft. Hugdietrich 265, 3

und die schefte schiezen. Lanzelet 287

oder schuzzen den schaft. Nibel. 130, 4

si schôz mit snellen degenen umbe minne den schaft. Nibel. 329, 4

dick schuzzen sî den schaft. Biterolf 3382

ir genuoc schuzzen den schaft. Biterolf 5946

jene schuzzen den schaft. Krone 693

dar zuo schiezen den schaft. Tristan 54, 35

genuoge schuzzen den schaft U. Tristan 510, 39

den schaft schiezen und springen. Graf Rudolf (6) γ᾽

Schermen under schilden. Gudrun 253, 3

schirmen mit den schilden. Nibel. 310, 3

und schermen mit den schilden. Rol. 21, 25

Dâ suln wir helme houwen. Rosengarten 332

dâ seht ir helme houwen. Nibel. 196, 3

ir helme garwe zehouwen. Rol. 208, 8
Der was ein helt zen handen. Nibel. 1620, 2. 1643, 4
ein rehter helt zen handen. Nibel. 1653, 3
einen helt ze sinen handen. Nibel. 1831, 3
er was ein helt zen handen. Nibel. 2021, 4
ein tiurer helt ze sinen handen. Gudrun 20, 4
er was ein helt ze sinen handen. Gudrun 185, 4
er ist ein maerer helt ze sinen handen. Gudrun 348, 4
selbe ist er ein helt ze sinen handen. Gudrun 475, 4
helde zen handen. Parz. 48, 30
der ist ein helt zuo der hande. Biterolf 5080
was ein helt ze siner hant. Wigalois 193, 30
ain helt zu dinen handen. Rol. 131, 10
er ist ein helt zu sinen hanten. Rol. 106, 12

Vergl.

vil guote recken zuo ir handen. Gudrun 506, 4
er wart ein degen maere ze sinen handen. Gudrun 574, 4
daz wâren recken zuo ir hant. Dietrich's Ahnen 9277
So hûben wir unsich hinnen. Rol. 234, 5.
daz wir uns heben hinnen. Nibel. N. 1099, 2.

Nehmen wir die früher erwähnten sprichwörtlichen alliterirenden Verbindungen und Redensarten in Betracht, so darf es uns nicht wundern, dass sehr viele regelrecht alliterirende Verse sich von selbst ergaben, ohne dass der Dichter solche beabsichtigte. Allein auch solche begegnen uns nicht selten, die uns das volle Streben des Dichters zeigen, durch Alliterationen den Vers zu schmücken. In einer Zeit, wo man für Kling und Klang so empfänglich und eingenommen war, dass man an Kleidern selbst Glöcklein trug, mussten die Leser an derartigen klingenden Spielereien in Versen besonderes Behagen finden. Wolfram enthält sich des gesuchten Geklingels, Walther gebraucht die Alliteration, um seinen Versen besondere Kraft zu geben, z. B.:

sô starke staete widerstrebe. W. 1, 20
ez wuohs ze worte und wart ein man. W. 4, 14
die stritent starke stürme. W. 9, 19
sam des boesen boeser barn 19, 11
sô swinge ich im den swinden widerswanc 30, 7

sie widerwürkent sîniu were. W. 30, 15
ich weiz der wîbe willen wol. W. 183, 2.

Gleiches gilt von Singenberg, seinem Schüler, wenn er singt:

der werden wirde wirdet mich 221, 11.

Als rythmische Malerei fasse ich die alliterirenden Verse:

dâ lac lîp unde lîp. Tristan 437, 17
dô liep bî liebe lieplîch lac. Mai 93, 34
der nâhen bî bî liebe lieplîch lît. Lichtenstein 104, 29
wâ liep bî herzenliebe liget. Wittich 1798
swie lieplîch liep bî liebe lac. Lohengrin 6821
die naht si lieplîch lâgen
lieplîcher lieb si pflâgen. Meleranz 12333
ein swinder wint von ir swerten waete. Rabenschlacht 676
sam ez ein blâsbalk blaete. Rabenschlacht 748
die sluogen ûf ein ander slege swaere. Rabenschlacht 707.

Allein schon frühe, wohl durch Tristan angeregt, wird die Alli-
teration gehäuft und artet in Spielerei aus. Bei Lichtenstein finden
wir schon derartige Verse, z. B.:

Guotiu wîp, ir helfet wünschen daz ich werde der vil lieben werden
also wert. 400, 20
würde ich immer von ir mînes wunsches sô ze wunsche und alsô
wünneclîche gewert 400, 22
Si vil minneclîchiu guote, guot von rehter güete, guot für elliu
guoten wîp 401, 5.

Ein auffallendes Beispiel hievon geben auch folgende Verse
Neidhart's:

Lieben wân
hât mîn lîp nâch liebe.
deist wol getân.
liep vor allem liebe ich mir ze liebe hân
liep erkorn.
liep ze liebe hât gesworn
mit eiden.
diu liebe ist ungescheiden 15, 5.

Und Neifen's Stelle:

Wie kan iemer iemen sanfter werden,
dan der liep durch rehte liebe minnet
unde im liep in liebe fröide mêret?
der hât himelrîche hie ûf erden,
ob er sich gein liebe wol versinnet
unde in liep in liebe liebe lêret.
Minne kan sich liep dur liebe lieben.
daz tuot si niht wan eht minne lieben.
rehtiu liebe ist valscher liebe gran 14, 17.

Bei Konrad von Würzburg finden wir Verse wie:

als in daz warf sich wirret wevel. Troj. Kr. 25039
den clagten si mit clagender clage. Troj. Kr. 44109
mit lieplîchem gewinne
lôn von lieplîcher minne. Troj. Kr. 45705
wan si wânden âne wan. Troj. Kr. 48137
wislîche nâch wiser art. Troj. Kr. 48887
nieman des wilden waldes worst. Troj. Kr. 118,

an denen uns der gesuchte Gleichklang missfallen muss. Am auffallendsten tritt die gehäufte Alliteration manchmal im jüngeren Titurel hervor, z. B.:

Vil liebez liep beleip alhie, vil liebez liep var danne. 717, 1
an gesunt lîbes und lebenes lebten dester lenger lebelîche. 1646, 4
in wildes walt gevelle send ich dir wilden boten wildeclîche
und wilden brief mit der botschefte. 1845, 2
freude sint frowen und frowen freude die beide.
durch frowen freud genennet wart. er habe undanc der frowen
freude leide. 1953, 3.

Derartige Verse erinnern beinahe an die alliterirenden Sprech-übungen für Kinder, deren eine wir im „Windbeutel" (Keller's Erzählung) finden:

ein flig die prewt ein praw von pir. 492, 26.

Wir schliessen hiemit unsere Untersuchung. Das Ergebniss derselben ist, dass die Alliteration, nachdem der alte alliterirende Vers durch Otfried's Vorgehen beseitigt war, in so zahlreichen

Wortverbindungen und Redensarten fortlebte, dass unwillkürlich
Verse mit drei Liedstäben sich bildeten. War auch die alliterirende
Versform als solche längst verschwunden, so griff die freie Allitera-
tion seit dem Ende des 12. Jahrhunderts desto mächtiger um sich
und wurde von den Dichtern auch absichtlich theils zur rhytmischen
Malerei, theils als blendende Spielerei benützt. Fassen wir die alli-
terirenden Verse des Nibelungenliedes in's Auge, so müssen wir die
meisten derselben als rein zufällige bezeichnen, wenige mögen vom
Dichter beabsichtigt worden sein, um ihnen mehr Fülle, Kraft und
Wohlklang zu geben. Nie und nimmer kann sich aber die Annahme
Vilmar's, dass die alliterirenden Verse Trümmer der alten Lieder
sind, bei solchem Sachverhalte geltend machen lassen.

www.ingramcontent.com/pod-product-compliance
Lightning Source LLC
Chambersburg PA
CBHW020234090426
42735CB00010B/1688